「低学歴国」ニッポン

日本経済新聞社　編

日経プレミアシリーズ

はじめに
日本人の「低学歴」化を見つめる

「日本の学校にこのまま通っていていいのか」「自分の子どもを通わせていて大丈夫か」。こんな不安を抱いたことがある生徒や保護者は少なくないだろう。

実際に公立学校に対する不信感は強まっている。大都市部では英語や理数系を強化するなど特色ある教育を打ち出す私立の小学校や中高一貫校の受験ブームが起きている。大学も国内での進学を選ばず、高レベルで個性的な教育内容を求めて欧米への留学を選ぶ高校生が目立つようになってきた。

これらは多くの人が「このままだと日本は世界に取り残される」という危機感を抱いている事実を浮き彫りにしている。

危機的状況は数字が示している。

グローバル社会を生き抜くために不可欠な英語力を見てみよう。スイスの国際語学教育機関の２０２２年調査では英語を母語としない１１１カ国・地域のうち、日本人の英語力は80位と前年の78位から順位をさらに落とした。

経済成長の核となるＩＴ（情報技術）分野をけん引する力はどうか。スイスの経営大学院ＩＭＤの「世界デジタル競争力ランキング」22年版によると、日本は63カ国・地域中29位と過去最低となり、「デジタル・ＩＴスキルを持つ人材の豊富さ」は62位に沈んだ。

学校教育だけに原因があるわけではないが、状況を軽視すべきではない。

深刻なのが先端研究やイノベーションの担い手である博士号取得者の減少だ。文部科学省によれば22年度の大学院博士課程の在籍者は約7万５０００人で2年続けて減った。修士課程から博士課程への進学率は、00年度の約17％が21年度は約10％に低迷している。00年度に約1万６０００人だった博士号取得者は19年度に約1万５０００人に減った。

海外先進国は増えている。米国（18年度）は約9万１０００人、韓国（21年度）は約1万６０００人で00年度と比べて2倍超になった。人口１００万人当たりでも米国（18年度）が２８１人、韓国（20年度）が３１２人で01年度の2倍を超す。日本は１２０人（19年度）で

01年度（１２７人）に比べて減少。英国やドイツに比べても大幅に少ない水準だ。

　博士の減少は研究力の低下に直結する。日本は最新の論文引用調査で質の高い「トップ論文」による世界ランキングが10位にまで落ちた。

　いまや「低学歴国」となりつつある日本だが、かつては「教育大国」と呼ばれた。明治5年（１８７２年）の学制発布により近代的な教育制度の整備に踏み出し、アジア諸国に先駆けて全国に小学校から大学を置いた。ここから巣立った人材は政治・経済から文化、軍事に至るまで、あらゆる分野を発展させる原動力となった。

　第二次世界大戦の敗戦で教育制度は大きく見直されたが、国民が子どもや若者の育成にかける情熱は失われなかった。義務教育である小中学校の就学率は１００％近くになり、高校進学率も9割以上に達した。エリート養成機関だった大学も大衆化した。大学・短大への進学率は50％を超し、専門学校を含めれば8割の人が高度な教育を受けるようになった。

　同一年齢が同じ空間で同じ内容を学ぶスタイルは、決まったマニュアルに沿って正確に作業できる人材を育てるのに適しており、日本が重工業を中心に高度経済成長を遂げるのに役立った。

しかし経済成長の鈍化とともに求められる人材は変わった。生産拠点の中心がコストの安い海外へと移ったことで単純労働の需要は減少。イノベーションが常に求められる時代となり、新たな価値を生み出せる人材こそが必要になっている。

日本が手を打ってこなかったわけではない。文科省は教員が子どもに一方的に知識を教え込むスタイルから脱し、思考力を育成する方向にかじを切っている。にもかかわらず、現在の学校教育に対する社会の評価は高いとはいえない。大胆な改革をしようとしても関係者の既得権益を守る動きに阻まれ、既存政策の微修正に終わる歴史を繰り返してきたからだ。

岩盤のように変化を避ける教育界の体質が変わらない限り、時代にふさわしい人材は育たない――。日本経済新聞社会報道グループ（社会部）の教育担当チームはこうした問題意識を共有し、教育界にはびこる旧弊や不合理なルール、その打開策を探る取材を始めた。

本書は２０２１年10月から23年１月にかけ、日本経済新聞で掲載した連載企画「教育岩盤」第１～４部の記事をまとめた。紙幅の都合で掲載できなかったエピソードやデータを盛り込み、大幅に加筆・修正した。なお登場する人物の肩書などは原則、取材時のままとした。入学年齢や時期・学習内容を細かく定める制度、異業種からの学校参入を阻む身内意識、少子化による受験競争の緩和に直面しながら見直し議論が進まない大学入試、深刻さを増す教員不足や保護者のＰＴＡ離れ……。本書で取り上げたのはいずれも構造的な問題が複雑に絡み合い、一筋縄では解決しないテーマだ。

子ども・学生、学校・大学、保護者、行政などの立場により、ふさわしいと考える解決策は違うだろう。教育問題に単純な正解はなく、それぞれの考えが異なるのは当然だ。大事なのは「どのような人を育てるべきか」を考えることであり、それは「どのような社会をつくりたいか」を考えることにつながる。本書をその一助にしていただければ幸いである。

２０２３年３月

日本経済新聞社

目次

第1章 変わらない日本の「学校」

1　優等生は育ってもイノベーターは育たない

一流エンジニアに漢文の高得点は必要か

入学試験は面接のみで筆記試験は行わない。その代わり1時間半の面接で、受験生の持つ専門性や人間性、国際性をじっくり見極める。1学年の定員は３００人で海外留学が必修、半数は大学院へ進学させる——。アスキー創業者で米マイクロソフトの副社長も務めた西和彦氏（須磨学園長）はエンジニア育成に特化した日本先端工科大学（仮称、神奈川県小田原市）の２０２４年開校を目指して奔走する。

東京大でも教鞭をとっている西氏には長年の不満があった。

「東大工学部は世界史や漢文などが苦手だと入れない。でもそれは全てのエンジニアに本当に必要な資質なのだろうか？」

東大を筆頭に難関国立大学の理工系学部の入試は文系・理系の科目を満遍なく得点する必

要がある。たとえどんなにエンジニアとしての才能があっても、文系科目が苦手だと試験を突破できない。全方位型の秀才でないと学ぶ機会が与えられない。「そんな若者にチャンスを与えたい」。こんな思いが西氏を新大学の設立へと駆り立てる。

「卒業は6月」幼小中高12年間の一貫教育校

幼稚園から大学院まで全ての学校種を擁する玉川学園。総合学園の強みを生かし、特に幼小中高の一貫教育（K－12）に定評がある。その玉川学園が幼稚園年長組の9月から小学校1年の学習を始め高校を6月に卒業する、新たな一貫教育校設立の構想を温めている。

日本の学校制度は6歳時の春に小学校に入学し、6年後に中学校、3年後に高校に進んで18歳で初等中等教育を修了する。だが、海外では5歳で小学校に入学させる国もあり、義務教育の開始年限を早めるべきだとの議論もくすぶる。

一方で、秋入学を取り入れる国も少なくない。海外留学を考えれば秋入学が望ましいという意見も根強い。さらに国は学習指導要領で初等中等教育期間の学年ごとの学習内容を細かく定めている。個々の子どもにふさわしいきめ細やかな教育をしたくても、現場の裁量権限

秋入学導入を目指す玉川学園

は限定的だ。

玉川学園の構想は小中高を一貫教育校とし、秋入学（9～6月制）を導入する。幼稚園年長の秋から半年早く小学校の学習を始め、高校卒業は3年生の6月とする。海外大学進学も有利になるし、高校卒業後の進路をじっくり考えることもできる。希望者は卒業を3カ月早めて一般の高2修了時に卒業する道を設けることも可能だ。

12年間の一貫教育にすることで学年の壁を越えて子どもの理解に応じた指導をする「修得主義」の導入も目指す。夏休み期間を補習授業や発展的学習の授業にあてたり、教員の研修や働き方改革、1年間の指導成果の点検等にあてたりすることもできる。

構想のきっかけは新型コロナウイルス禍だった。コロナで世の中は一変し、人々の働き方や考え方が大きく変わった。学校だって無縁ではいられないのに、変化の兆しは見えない。

「危機は変革の好機だ。終戦直後にできた学校制度を時代に合わせて改めていかないと、学校は社会に取り残される」。小原芳明理事長は危機感を募らせる。

理解の早い子も遅い子も満足できない

デジタル技術を駆使した街づくりの計画を募った国の「スーパーシティ型国家戦略特区」。21年、前橋市は小中高大の一貫型学校構想を盛り込んだプランで応募した。

「今の学校は先に進みたい子も、ゆっくり学びたい子も満足できない。学習でつまずいても年限が来れば進級・卒業させられる。目指すのは究極の個別最適学習だ」。立案者の１人、共愛学園前橋国際大学の大森昭生学長は強調する。

公設民営の義務教育学校（小中一貫校）を設立し、既存の市立高校や市内の大学と連携して飛び級も可能な一貫教育をする。そのために修業年限の撤廃や学習指導要領・学年制に縛られない教育課程などの規制緩和を求める構想だった。

日本先端工科大学、玉川学園、前橋市――三者三様の取り組みだが、共通するのは既存の学校制度に対する異議申し立てだ。

終戦直後に現行制度が誕生して3四半世紀。この間、日本社会も国際社会も激変したのに学校制度は6・3・3・4制の骨格を維持し、入学年齢や入学時期、学年ごとに学ぶ内容などを細かく法令で定める。過度の平等主義と硬直的な先例主義が変革を拒み、個の特性を伸ばすよりも均質で没個性な集団形成を尊ぶ学校文化を育んできた。

その結果、日本では平均点がそこそこの優等生は育っても、新しい産業や学問領域を生み出すとがった才能は育たない。起業家を次々に生みだす米国のシリコンバレーのような成功など夢のまた夢だ。自分が学びたい大学、学問を求めて留学生が移動する時代に、世界の主流とずれる内向き志向の4月入学。年齢と学年がリンクし、理解が早い子にも遅い子にも苦痛なだけの「履修主義」指導……。制度の限界は明らかなのに、改善は進まない。これではグローバル化とデジタル化が急速に進む21世紀に対応できないのは明らかだ。

東大の「秋入学」移行が頓挫した理由

もちろんこれまでも、岩盤のように立ちはだかる学校文化に風穴を開けようという取り組みはなされてきた。だが、その多くが頓挫した。

典型が秋入学だ。中曽根康弘内閣が設けた臨時教育審議会が提言して30年余り。この間、秋入学を巡る議論は何度も浮上しては消えた。

それでも秋入学への機運が盛り上がった時期がある。12年、東大は学内の検討会議の報告として秋入学への全面移行を提案、一躍社会的注目を集めた。だが、学内に反対意見が根強く他大学は様子見を決め込んだ。

結果としてそれ以上の議論の輪は広がらず、社会の支援を得られぬまま、翌年、東大の秋入学は断念に追い込まれた。議論の旗振り役だった浜田純一元学長は悔やむ。

「東大が秋入学というグローバルスタンダードに適合して世界一の大学を狙うためには、これ以上の先送りはできないと思って提案した。だが、あのときから10年が経ち、東大をはじめ日本の大学の体力は落ちている。もはや手遅れだ」

当時の東大執行部は日本の大学全体の秋入学移行を目論んだのではない。「まず東大から始めてみよう」。だが、そんな思いは、「抜け駆けを許さない」「移行できない大学はどうするのだ」といった想像以上の社会の同調圧力の前にひとたまりもなかった。

「東京六大学野球の開幕時期はいつにするのか？」

そんな質問が記者会見で飛び出したほどだった。導入の利点より、できない理由を羅列する風潮が改革意欲を抑え込んだ。

「飛び入学」、なぜ広がらないのか

臨時教育審議会が提言した「飛び入学」も広がりを欠く。1998年に国内で最初に取り入れた千葉大の真鍋佳嗣先端科学センター長は「期待した学生が入っている」と成果を語るが、24年間の総志願者は424人にとどまり、合格者は98人に過ぎない。全国でも導入大学は8校のみだ。

広がりに欠ける一因として指摘されるのが、高校の進路指導だ。飛び入学の試験に合格できる高校生は、1年後には東大や京都大のような難関大学に合格できる資質を持っている。勢い進学実績を高めたい高校は飛び入学に消極的になるという見方だ。異端を嫌う高校生の心理も見逃せない。日本の学校文化の特質そのものだ。

99年から2013年まで東京都品川区教育委員会の教育長を務め、公立学校の選択制や小中一貫教育など地方発の「品川の教育改革」を推進した若月秀夫氏には苦い経験がある。

「地域に密着した教育を進めるには区生え抜きの教員を育てる必要がある。それには区教委が教員の人事権を保つ必要がある」と考えて、当時の東京都教育委員会に直談判した。「他の市区町村の教委が同意すれば権限移譲を検討する」との内諾を得たが、いざ他の教委に打診してみると反対論一色。断念せざるを得なかった。〝出る杭は打たれる〟の典型だった。

米国は大学生の年齢も多様だ

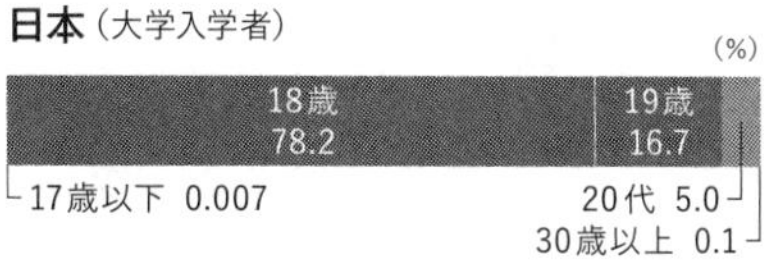

（注）2020年度、文部科学省「学校基本調査」、四捨五入のため合計で100にならない

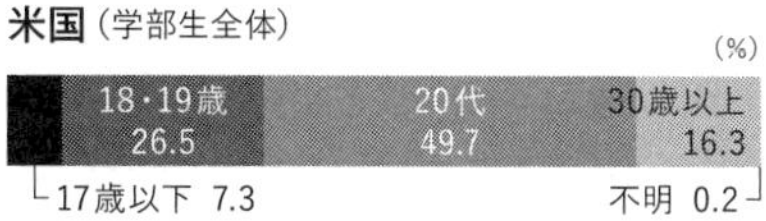

（注）2017年秋、米国国立教育統計センター

米国は17歳以下、25歳以上の大学生も

米国の大学では学部生１６００万人のうち17歳以下が１２０万人、25歳以上が2割強を占める。18〜22歳が圧倒的な日本とは対照的だ。ノーベル賞受賞者の8割は21歳以下で大学を卒業しているというデータもある。年齢に関係なく才能やキャリア設計に応じて学べる柔軟性・多様性が米国の強さの源泉だが、日本にはそれがない。玉川学園の構想も文科省の壁は厚く、前橋の構想も国家戦略特区の選考から落選した。

臨教審委員として秋入学の議論にも関わった斉藤斗志二・元防衛庁長官は「教育界も文科省も責任の所在が曖昧で硬直的。とにかく改革を嫌う」と指摘する。現状を改革する動きに岩盤のように立ちはだかり、変化を嫌う教育界。その体質を変えない限り学校は変わらず、21世紀の激動期に必要な人材は育てられない。

これ以上、改革の芽を摘み取る愚を繰り返す余裕は今の日本にはない。

Column

秋入学

日本の小中高校は、学校教育法施行規則で始業と終業の時期を「4月1日から翌年3月31日」と定めている。大学は制度改正により２００８年から学長の判断で入学・卒業時期を決められるようになったが、高校と円滑に接続するため多くが4月入学だ。

欧米など主要国では9月を含む秋入学が中心となっている。日本の入学時期などの各国とのズレは学校教育の国際化が遅れる一因とされ、秋入学への移行は１９８０年代の臨時教育審議会をはじめ、たびたび議論された。２０１２年には東京大が全面移行を提案したが、高校との接続や就職時期との兼ね合いから見送った。

20年には新型コロナウイルス禍による長期休校に伴う学習遅れの解決策として、政府内で小中高校の秋入学移行が検討された。しかし移行に伴う財政負担が大きいことなどから実施は見送られた。政府の教育再生実行会議はその後、小中高校の秋入学移行は慎重な対応を要するとする一方、大学については4月や9月に限らず多様な時期に学生を受け入れる体制づくりを促した。

各国・地域の学年開始時期

（主に大学）

1月	シンガポール（小中高校）
2月	オーストラリア・ ニュージーランド・ブラジル
3月	韓国
4月	**日本**
7月	シンガポール
8月上旬	シンガポール・メキシコ
8月下旬	スウェーデン・ノルウェー
9月上旬	米国・英国・フランス・ 中国・香港・台湾
9月下旬	米国・英国・イタリア
10月上旬	英国・ドイツ・イタリア

（注）大学によって開始時期が異なる国もある

秋入学の課題

- 移行期には1学年の児童生徒数が増え、教室や教員の確保が課題に
- 幼稚園・保育園の入園人数も増える可能性
- 在校生も卒業時期が延びるため、家庭の学費負担増の予想
- 会社員に多い4月の転勤時期と子どもの始業時期がずれる
- 入社時期が9月になり、企業の就職・採用活動に影響

2　デジタル社会なのに黒板・紙「信仰」

見送りになったオンライン入試

自宅でタブレット端末に表示された問題を解き、解答を送る――。東京都品川区にある私立青稜中学校の2021年2月の入試は、こんな光景になるはずだった。試験会場での新型コロナウイルス感染を懸念する受験生向けのオンライン入試だ。

「緊急時の柔軟対応こそが、公立にはない私立の強みだ」。青田泰明校長はそう考え、感染拡大当初の20年4月から導入に向けた検討を開始。学内の中間テストで予行演習を重ね、カンニング防止や適切な出題形式を模索してきたが、日の目を見ることはなかった。

都内180超の私学が加盟する東京私立中学高等学校協会が「不正防止が困難だ」としてオンライン入試の自粛を申し合わせ、同校も従わざるをえなかったからだ。

同協会の近藤彰郎会長は「できる学校だけやればいいというのは違う。入試の質が保てなくなり、結果的に受験生が不利益を被る可能性もあった」と話す。ただ、千葉県や神奈川県では各校の判断に任され、実際に導入した中学校もあった。

中学入試に詳しい森上教育研究所の森上展安代表は「遠方の生徒が受験を諦めてしまうケースも少なくなかった。非常時こそ思い切った試みができるのに、自粛によってその機会を逸してしまったともいえる」と惜しむ。

21年6月に開かれた、国立大学協会の記者会見。25年から大学入学共通テストに加わる新教科「情報」を国立大入試で採用するかを問われた岡正朗入試委員長は「全国で十分な教育ができるか、高校や大学の意見を聞く」と慎重に答えた。

情報科は地方などで専門教員が少ないといわれる。情報を担当する公立高校の教員のうち、正規免許を持っているのは22年5月時点で16%どまりで、一律で課すと不利になる受験生が出るとの懸念は強い。デジタルにたけた若者の育成を求める声は教育界にも強いのに、公平性の確保を前にすると、どうしても二の足を踏む。

会見から半年後、国大協は情報の受験を原則として課すことを正式に決めた。東京大や大阪大などがいち早く導入を予告した一方、入試の配点をしない方針の国立大もある。文部科学省が民間企業との連携などで指導体制を強化する施策を打ち出しているものの、まずは受験生の習熟度を見極めた上で、改めて入試での扱いを判断したいとの現場の消極的な姿勢がにじむ。

ＩＴが普及しても「黒板とチョーク」「紙とペン」

こうした事例に共通するのが、教育界に漂う新しい試みへの拒否感と平等主義だ。ＩＴ（情報技術）で社会が激変してもなお「黒板とチョーク」「紙とペン」を信奉する学校文化がアップデートされる気配はない。

国が打ち出した「ＧＩＧＡスクール構想」に基づき、全ての児童生徒に学習用端末が配られた公立小中学校。神奈川県内の学校で「ＩＣＴ支援員」として端末の活用法を教える40代女性は、配備された端末を1カ月以上にわたり保管場所に置いたままの学校もあったと明かす。ベテラン教員に理由を聞くと、「紙と鉛筆を使う方が頭が良くなるから」と説明された。根拠が不確かなまま〝アナログ信仰〟から抜け出せない考え方に思わず頭を抱えたという。

女性によれば「どこの学校にも、端末を使って授業をしたいというやる気のある先生は必ずいる」。ところが、端末を使わないクラスが一つでもあると、保護者から「不公平だ」とクレームが入る。こうしたことを恐れ、全体で使わない空気ができてしまうという。

「未知のツールを使えば、当然トラブルも起きる。長年積み上げてきた経験が通用しなくなることへの不安が、教員側にはあるのだと思う」。19年度からデジタル教科書を導入するなど、早くから端末を活用してきた東京学芸大付属小金井小の鈴木秀樹教諭は、現状をこう分析する。

端末を使って学習する
東京学芸大付属小金井小の児童（東京都小金井市）

世界の考え方は異なる。

20年3月、新型コロナの感染拡大を受けて学校を閉鎖した米ニューヨーク市。同市に住む40代の日本人女性の長女が通った公立小では、閉鎖のわずか1週間後にオンラインによる遠隔授業が始まった。平時の時間割に従って双方向

1週間のうち教室の授業でデジタル機器を使う時間（国語）

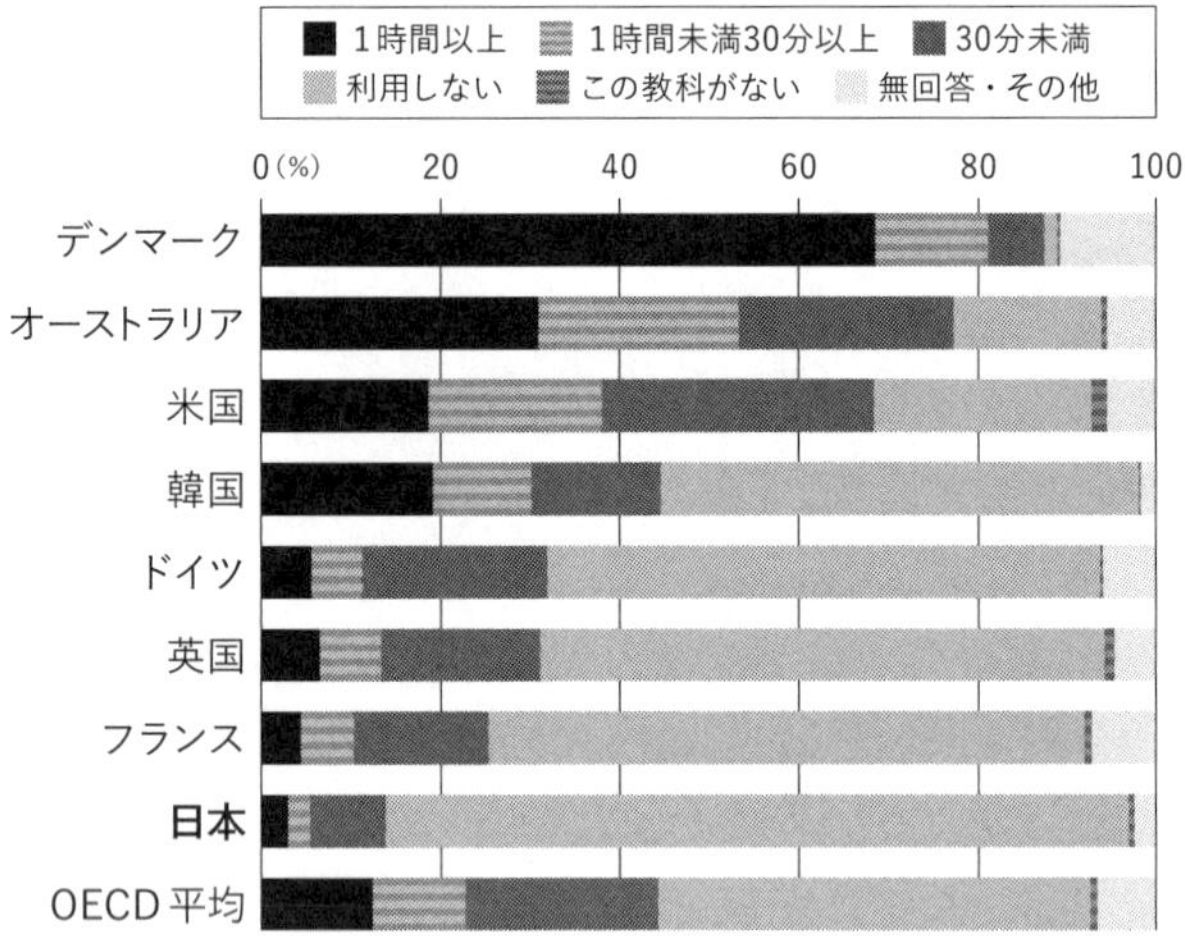

（出所）2018年の経済協力開発機構調査

型の授業が行われ、「大きな問題もなく学びを継続できた」と振り返る。

同市はパソコンがない家庭にタブレット端末を無償で約25万台配り、端末のない家庭も含めて学習機会も保障した。女性は「まずは端末を持っている多数派の目線で思い切って動き、その上で残された人たちをフォローするというのが米国の考え方。自治体や学校の裁量が大きいからできることで、日本だったら難しいと思う」と話す。

大学の遠隔授業に規制の壁

規制もデジタル化の壁になる。

その一例が、大学卒業に必要な１２４単位のうち遠隔授業で取得可能な上限をおよそ半分の60単位までとする大学設置基準だ。コロナ下では緊急的に単位上限が緩和されていたが、私大団体などからは海外大学との連携強化などの狙いから、恒常的な規制の撤廃を求める声が強い。

文科省は従来、「安易に対面授業をなくす大学が出かねない」として消極的だったが、緩和に向けた動きもようやく始まった。23年度をめどに省令を改正し、▽先進的な教育プログラム▽授業に関する積極的な情報公開▽授業の内容を点検・評価する仕組み——といった条件を満たせば上限を設けない「特例」を認める。制度上は、全ての単位をオンライン授業で取得することができるようになる。それでも上限60単位の原則は残されたままだ。

慶応大の中室牧子教授（教育経済学）は「海外の大学の授業もオンラインで受けられる時代にあり、大学の国際競争は急速に激化していくだろう。その中で残される日本の単位上限は、優秀な留学生の獲得にも大きな障壁になる」と訴える。

固定観念がしみついた学校文化の中で、進取の精神に富む人材が育つのだろうか。日本がデジタル化の入り口でもたついている間に、世界の背中は遠ざかっていく。

3　校則も採点基準も謎だらけ　同調圧力の害

下着は白かベージュ……「ブラック校則」の疑問

「下着は白かベージュ」「（頭髪の両側面を刈り上げるなど）奇抜な髪型は禁止」。栃木県立足利清風高校（足利市）の教室で、風紀委員を務める生徒約15人が厳しすぎると思う校則を次々に挙げた。議論を呼びかけた小滝智美教諭も「下着の色まで指導するのはおかしい」と疑問を呈した。

2021年6月、認定NPO法人カタリバの協力を得て、生徒主体で校則を見直すための話し合いが行われていた。

校則の改定には自分たちでルールを見直し、つくることを学ぶ狙いもある。足利清風高校ではこれまでの議論を通して下着の色指定や、入学時に毛髪の色を申告する「地毛申請書」などを廃止した。眉にかかる程度としていた前髪の長さや「おだんご」の髪形禁止も緩和した。ジェンダーの多様性に配慮した制服のあり方についても議論が進んでいる。

子どもを枠にはめ、はみ出しを許さない日本の学校教育。校則はその典型だ。頭髪や服装に関する厳しい校則は、非行が問題化した１９８０年代に広がった。その後に一部は緩和されたが、滑稽なほど細かい「ブラック校則」は今も残り、生徒たちは自分の意見が反映されていないと不満を抱く。

校則の見直しについて議論する足利清風高校の生徒ら（栃木県足利市）

国立青少年教育振興機構が21年6月に公表した日米中韓４カ国の高校生を対象とした「高校生の社会参加に関する意識調査報告書」によると、日本は「学校の校則は生徒の意見を反映している」と回答した割合が17％にとどまった。米中韓はいずれも日本を大きく上回る３割以上だった。

文部科学省はこれまで教員が生活指導をする際の手引書となる生徒指導提要で「学校が集団生活の場であることなどから、学校には一定のきまりが必要」と明記し、校則を

生徒指導提要の改訂ポイント

ブラック校則の見直し	● 校則をホームページなどで公開 ● 児童生徒や保護者が議論する場を設定
SNS上のいじめ対応	● 学校と家庭、警察など関係機関との連携強化 ● 細やかなアンケートの実施
性の多様性への配慮	● 性に関する悩みの相談体制の整備 ● 使用する制服やトイレの柔軟な対応

（出所）文部科学省の有識者会議

容認してきた。しかし「ブラック校則」に対する批判が高まる中、12年ぶりの改訂を行った。

22年12月に公表された生徒指導提要の改訂版では、校則については「守らせることばかりにこだわらず、教職員もその背景や理由を理解し、児童生徒が自主的に守ることが重要だ」と指摘し、学校のホームページに公開することなどを推奨した。

それでも厳しい校則を残すことにこだわる学校は少なくない。多くの学校が理由として挙げるのが「生徒や校風を守るため」だ。

都内のある私立高の男性教員は「学校のイメージがあるので一定の規則は必要」と言い切る。勤務先では「女子はスカート丈を厳守」「化粧禁止」「男子は耳が髪の毛で隠れてはだめ」などの校則があり、一部の生徒からは「厳しい」と不満が出る。しかし毎週のようにクレームを入れてくる地域住民らの目が厳しいこともあり、緩めることはできないという。

同志社大の太田肇教授（組織論）はこうした現状について「日本の学校は行動も服装も何でも同じにさせたがる。集団のルールに合わせるよう求める同調圧力の強さが影響している」と話す。

「４×５」が正解で「５×４」が減点？

子どもをルールで縛る風潮は授業にもはびこる。

「リンゴを４個持った子が５人。リンゴは全部でいくつ」という問題の答え（20個）を出す式が４×５は正解、５×４は減点……。小学校ではこんな指導がまかり通る。学習指導要領の解説書でも重視される、かける数とかけられる数の関係性を理解させることが狙いとみられる。

数学界のノーベル賞といわれるフィールズ賞を受賞した京都大の森重文特別教授は減点について「とんでもないこと」と言い切る。「自由な発想を妨げ、科学の進歩を阻害する。順番を変えてやってみないと発見は生まれない」

東京都内の公立小に通う娘を持つ父親は「担任の漢字指導が厳しく、学校に行きたがらなくなった」と話す。「とめ・はね・はらいが手本通りでない」と何度もやり直しを命じられたという。文科省は漢字の書き方を柔軟に評価する方針も示しているが、現場では硬直的な指導が残る。

主張や疑問を抑え込む学校教育

外国出身の子らはこうした「枠にはめる」指導方法を疑問視する。「慣れない日本食の給食を最後まで食べるよう強制された」「母国で経験がなく苦手な水泳の授業を休んだら連帯責任としてクラス全員が教員に怒られた」。家族の都合で12歳のときに中国から移住した女性（22）が日本での中高時代を振り返る。日本人と同じ水準を求める指導に精神的に追い詰められ、不登校になったという。

文科省によると公立学校で日本語指導が必要な外国籍の児童生徒数は21年度時点で4万7619人と、08年度に比べて1・6倍超になっている。今後も教室に集まる生徒は多様になっていく。日本式の指導を押しつけることに苦痛を感じる子どもがいることを学校側は忘れてはならない。

海外の教育に触れた帰国子女らも違和感を抱く。18歳までスペインで過ごし、小学校は日本人学校、中高は現地校に通った都内の会社員、下山泉紀さん（25）は「日本の学校は暗記中心で多様な答えを認めないことがあった。授業でも子どもが萎縮して積極的になれない」と話す。

徳島県の私立高校から世界トップ級の米スタンフォード大に合格した松本杏奈さん（18）もなじめなかった一人だ。日本で生まれ育ったが学校では「授業中の質問が多すぎて問題児扱いされた」。

転機は高2の夏に参加した世界の科学者らとの交流会。ノーベル賞受賞者を多く出す米マサチューセッツ工科大の教員に「どんなにばかなことでも質問しなくてはいけない」と言われ、「質問することが良しとされる世界に行こう」と決意した。

海外進学の希望を聞いた高校の教員からは前例のなさなどから懸念する声が出たが、大学教員の指導を受けて研究活動をするなど実績を積み自力で狭き門をこじ開けた。現在は米国で機械工学を専攻している。

子どもを枠にはめて主張や疑問を抑え込んできた日本の学校教育。広い世界に飛び立とうとする若者らをどう支えるか。大人たちの対応が問われている。

4　閉鎖的な〝教育ムラ〟

経営者が私財を投じて大学づくり

京都市営地下鉄東西線・太秦天神川駅から徒歩約３分の好立地に近代的なキャンパスを構える京都先端科学大学（京都市右京区）。

２０２１年６月、真新しい工学部校舎では新入生約１００人が３教室に分かれてデザイン基礎の授業を受けていた。外国籍の教員が英語で講義し、時折、日本人助手が日本語で解説する。スタッフの一人は「入学直後なので日本人助手の解説が入るが、集中的に英語の指導をしているのでいずれ日本語解説はなくなる」と説明してくれた。

京都先端科学大を運営する永守学園は、一代で世界一の総合的なモーターメーカーを築いた永守重信・日本電産会長が理事長を務める。18年に旧京都学園の理事長に就任した永守氏は、19年に法人名を京都学園から永守学園に、大学名を京都学園大から京都先端科学大に変更、私財１００億円以上を投じて大胆な大学づくりに乗り出した。22年現在で大学（５学部）・大学院（５研究科）、付属中学・付属高校、保育園・幼稚園を擁する総合学園に発展している。

英語によるデザイン基礎の授業を聴く
京都先端科学大工学部の新入生（京都市右京区）

〝永守カラー〟の象徴が20年設置の工学部機械電気システム工学科だ。１学年の定員は２００人。入学後すぐにロボット、マイコン応用システム、ウェブアプリの製作に取り組ませ、モノづくりの面白さを体験させる実践重視の工学教育を行う。学習には電子教材を積極的に活用、「世界で使える英語」を徹底指導する。卒業研究の代わりに企業の課題解決に取り組む「キャップストーンプロジェクト」を導入、卒業後すぐに実践の場で活躍できるプロフェッショナルを育成するというのがうたい文句だ。

ブランド大学卒とノーブランド大学卒の能力の違い

永守氏が大学改革に乗り出したのは既存の学校に対する強い不信感がある。日本電産を創業した当時は難関ブランド大学卒の学生を採用できるはずもなく、入社するのはノーブランド大学の卒業生ばかりだった。

その後、会社が急成長し社会の評価も高まるとブランド大卒の学生も入社するようになった。だが、いざ彼らを採用してみるとブランド大卒とノーブランド大卒で仕事ぶりになんの違いもない。「大学は社会が求める学生を世に出していかなければならないのに、学生も家庭も学校も企業もブランド志向が非常に強く、即戦力になる人材が育っていない。これでは世界で戦えない。ならば自分で学校をつくろう」

だが、大物経済人といえども教育界参入の道は平たんではなかった。工学部の開設では文部科学省の審議会から「定員200人は多すぎるとか、重箱の隅をつくような細かい注文がついた」。モーターの重要性も分からない人が設置認可の審議会で的外れの指摘をしてきた。認可は当初の想定より2カ月遅れ、「募集活動に入れず、初年度の学生募集で大打撃を受けた。一時は全国紙に抗議の広告を出そうかと真剣に考えた」という。

「企業は許認可が少ないから、自分でどんどん改革しないといけないが、学校は文科省が許認可の権限を持っていてフレキシブルでない。改革には限度もあり四苦八苦している。以前は医学部も持ちたいと考えていたが諦めた」と語る。一方で「それでも最近は文科省内に理解者が増えている」とも話す。

あまりにも高い教育界への〝参入障壁〟

ＪＲ軽井沢駅から車で20分。長野県軽井沢町に４万９５００平方メートルの広大なキャンパスを構える「ユナイテッド・ワールド・カレッジＩＳＡＫジャパン」（小林りん代表理事）は14年に開校した日本初の全寮制国際高校だ。

浅間山にほど近いキャンパスには、校舎棟や生徒・教職員棟、体育館、ゲストハウス、集会所、ウェルネスセンターなどが立ち並び、八十数カ国から集まった約２００人の高校生が学ぶ。①生徒と教員は世界中から応募し、授業は原則英語②生徒全員が寮生活③生徒の多くに奨学金を給付し、真のダイバーシティーを追求——を特色とする国際性豊かな高校だ。私立のインターナショナルスクールで、世界中の大学に進学できる国際バカロレア認定校だが、日本の学校教育法が定める正規の高校（一条校）でもあるというのが強みだ。

小林代表理事は高校時代に日本の教育に疑問を抱いて海外に留学、その後、東京大と米スタンフォード大大学院で学んだ。外資系金融機関や国際協力銀行、国連児童基金（ユニセフ）などでキャリアを重ねた。09年、「国境や分野を問わず社会に変革を起こすゲームチェンジャーを育てる」学校を創るためにＩＳＡＫジャパンの設立準備財団の代表理事に就任、開校に向けて邁進したが、その道のりは苦労の連続だった。

例えば教員の資格問題。教員も生徒も国内外から集めるというのが基本的なコンセプトだが、外国籍の教員は当然のことながら日本の教員免許は持たない。そうした制度的な問題を一つ一つクリアする作業が続いた。中でも想定外かつ最大の関門は学校法人の新設認可に不可欠な県の審議会の承認だった。

「外資系企業の出身者が経営する学校で本当に十分な教育をできるのか、実は利益目的ではないのか」「他校から生徒を奪うのではないか」――。審議会では畑違いの「新規参入」に私学関係者らの懸念が噴出した。認可は見送りになり、校舎の建設は中断を余儀なくされた。

関係者に学校の理念を説明して回るなど広報活動を強化して巻き返しを図った結果、ようやく半年後に認可を得たが、開校できたのは当初計画の1年後だった。当時を振り返って小林代表は「学校は公的なサービスだ。新規参入者が同業者に迷惑をかけないためにも、評判を得るための努力が必要になる」と語る。

実務を前面に出した大学なのに、論文数で評価？

仲間内で固まる教育界は新参者にとって壁が高い。私立学校を全く新しくつくるには高校以下は都道府県、大学や短大は文科省の審議会による学校法人の設置認可が必要だ。審議会の委員の多くは既存の学校関係者で、事実上、既存勢力が新規参入を認めるか否かの決定権を持っている。例えば四年制大学は少子化が進む中でも増え続け、21年度は803校と01年度より134校も増えたが、大半は短大など既存校からの転換で新規参入はまれだ。

大学を運営する学校法人の経営権を譲り受け、新たな学部をつくる場合でも審議会の認可が必要だが、異分野から全く新しい発想を持った経営者が参入しようとすると審議会の理解を得るのに苦労するケースもある。

大学数の増加は短大からの転換が多いことが一因だ

（大学・短大数の推移）

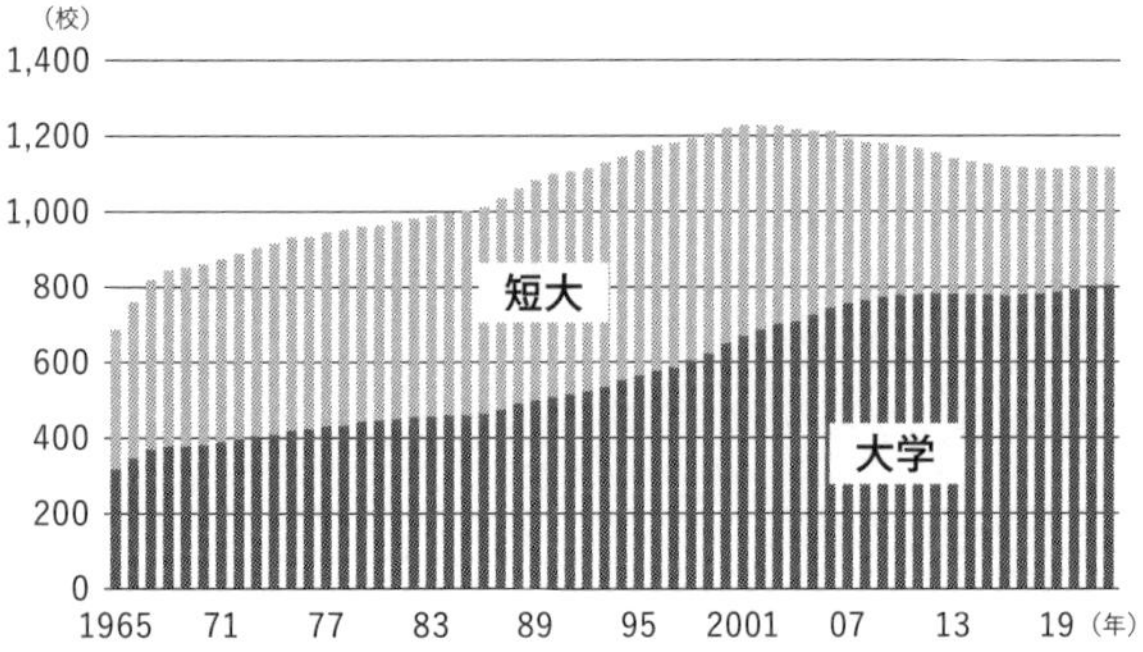

（出所）文部科学省

こうした〝参入障壁〟を打破するため小泉純一郎内閣時代に導入されたのが、構造改革特区による株式会社立学校制度だ。

東京都心部のＪＲ御茶ノ水駅前のビジネスビルにキャンパスを構えるデジタルハリウッド大（杉山知之学長、東京・千代田）は04年、デジタルハリウッド大学院大学として開校、05年に学部を併設して今の校名に改称した。構造改革特区の株式会社立大学で、映像やコンピューターグラフィックス（ＣＧ）、ウェブ、アニメ、グラフィックデザイン、ＩＴ（情報技術）プログラミングなどのデジタルコンテンツの制作技術を学ぶユニークさが特徴だ。

「（自前で用地や校舎を用意するなど規制が厳し

い）学校法人は数十億円もの設立資金が必要で、ベンチャー企業が進出するのは無理。（規制がゆるい）構造改革特区の株式会社立だから大学をつくることができた」と杉山学長は振り返る。

それでもいざ、国に設置認可を申請すると、有名大学の教授が名を連ねる審議会では「すぐに役立つ人材を育てるというが、大学とはそういうものではない。浅薄だ」と酷評された。委員の理解を得ようと担当官僚が「海外にモデルとなる大学はありますか」と聞いてきたので、「モデルはない」と告げると「そうですか。前例がないのですか……」と困惑された。前例踏襲の思想は教育行政に徹底していた。

実務を前面に出す大学として開校から20年近くたった今でも、開校後の外部評価では論文数が重視され、全国でも10位前後を維持する大学発ベンチャーの設立数はあまり評価されない。文化の違いは深刻だ。

変わらない〝教育ムラ〟のルール

岡山市の朝日学園グループは2つの学校法人の下に幼稚園、小学校、中等教育学校、通信制高校を擁する新興校だ。鳥海十児学園長が一代でゼロから築いた。

学校法人が2つあるのはわけがある。中等教育学校の前身である中学校を04年に開校する際に学校法人の設立を目指し岡山県と事前協議したが、審議会で認可の見通しが立たず、特区を使った株式会社立で発足したからだ。

発足後に学校法人に転換することができたが、当時を振り返って鳥海氏は、「中高は競合校が多く、新規参入には既存校の反対があった」と語る。「学校は責任が重く、ある程度の参入制限も必要だが、意欲のない既存校は新しい人に経営権を譲るなど新陳代謝を進めた方が社会のためだ」と指摘する。

構造改革特区による株式会社立学校は、安易な事業計画が相次ぎ粗製乱造気味に陥ったこともあり、廃校や学校法人転換が進み、今は熱気はすっかり冷え切っている。だが、経済社会が激動する時代に、いつまでも〝ムラ〟のルールにこだわり、変革を認めない学校制度で本当によいのだろうか。教育の特質を考えれば、質を保証する最低限の仕組みは必要だ。しかし、それを盾にして新しい血を導入する努力を怠っているようでは日本の教育に未来はない。

5 「受験エリート」に異変あり

東大生の「霞が関離れ」の実態は

近代国家としての国づくりが進められた明治期に、その担い手となる官僚の養成機関として設立された東京大学で、中央省庁を目指す若者が減っている。キャリア官僚となる国家公務員総合職の採用試験（全区分）の2020年度合格者で東大出身は349人と、旧Ⅰ種試験時代の1999年以来最少だった。

省庁事務方トップの事務次官などを輩出してきた法学部も、学生の就職先が変わった。1980年代にポツポツといた外資系コンサルティング会社への就職は2000年代に入ると定着。今では優秀な学生が霞が関の官庁よりコンサルを選ぶことが珍しくない。

外資系のコンサルでは20代から高給が得られ、省庁の委託などを受けて政策立案にも携われる。対して霞が関は国会対応などで長時間労働が当たり前。行政改革で外郭団体などのポ

東京大学の安田講堂

ストが減り、天下りのうま味も薄くなった。

１９９０年代以降続発した官界の不祥事や官僚に批判的な世の風潮に加え、小泉純一郎政権以来の政治主導の流れの中で官界の独立性が弱くなったこともあり、若者の霞が関離れが進んだ。

そんな状況を、東大法学部はどう見ているのだろう。

２０２１年7月、インタビューに応じた大沢裕法学部長は「以前は大抵のゼミ生が公務員志望ということがあったが、かなり前からそうではなくなった。公務員が非常に重要な仕事であることは十分認識しているが、自分がその仕事に就く選択をしない学生が多くなった」と振り返った。

その上で「学生の公共心は健在。ただ、現在では昔とは違い、公共に関わる分野が民間を含む色々な方面に広がっている。進路の選択肢も増えた」と指摘する。

ノブレス・オブリージュなき受験エリート

確かに、今日では公務員だけが公共の担い手ではない。非営利団体（ＮＰＯ）やベンチャー企業のような、新しい活躍の場も増えた。

東大法学部も学生の進路の多様化や職種間の人材流動性の高まりに対応し、17年度の進学者からカリキュラムを大幅に変えた。必修科目を減らし、学生が自由に選択できる科目を増やすことで、幅広い学修を促すことが狙いだ。大沢氏は「（公務員だけでなく）様々な分野で活躍できる人材を育てていきたい」と力を込める。

法学部生の脱・霞が関の傾向には「何となく官僚を目指す学生が減っただけで、高い意識を持って公務員になろうとするコアな層は昔と変わらない」（同学部教授）という指摘もある。だが22年春の国家公務員総合職試験でも東大の合格者数は２１７人で、現在の試験制度になってから最少だった。是非をどう見るかはともかく、官僚の育成場という東大法学部のイメージはもはや過去のものだ。

歴史を振り返れば、明治政府が１８７７年（明治10年）に東大を設置した目的は国の運営に必要な人材の育成であり、教育の目標は明確だった。帝国の発展のため、国家に有為な人材を育てるという使命があった。個々の国民との関係で見れば、欧米列強に並ぼうとする国の意思と個人の自己実現が重なったといえる。勉学を通じて培った能力を社会の指導的な立場で発揮することで「立志」と「立国」が同時に実現した。

現代はどうか。日本の国力は落ち、国際社会での地位は相対的に低下している。国の将来像は不透明で、人々の価値観も多様になり、志や倫理意識は希薄化しがちだ。それは当然、教育にも影響する。霞が関離れのような東大生の意識の変化は、日本という国が将来の絵姿を十分に描けなくなったことの一つの表れだ。

東大出身の元官僚で、女性政策の立案などで活躍した坂東真理子・昭和女子大総長は言う。「戦前と違い、今の受験エリートは勉強するのは自分のためと教えられて育ってきた。だからノブレス・オブリージュ（高貴さに伴う義務）や社会に恩返しする感覚がない」

創立者の福沢諭吉が教え子たちに「気品の泉源、智徳の模範」「全社会の先導者」であれとした慶応義塾も近年、ＯＢや学生の不祥事が目立つ。伊藤公平塾長は「福沢の教えと全く異なることが起きている。学生にもっとメッセージを出さなくては」と危機感を隠さない。

「やった感」を優先し、抜本改革は見送る

変化を嫌い、旧来の教育を守っている間に時代は大きく変わった。どんな人を育て、何を実現するのか。いま必要なのはビジョンだ。

経済同友会の教育改革委員会は「教育の将来ビジョン」を２０２１年度の検討課題とした。委員長の遠藤信博・ＮＥＣ会長は「現在の教育は均質性重視の大量生産型。企業を含む社会との間のマッチングがとれていない」と批判。「社会で価値の創造を担える人材の育成という視点から全体を考え直したい」と意気込む。

米国のジョー・バイデン大統領は今後10年で幼児教育の機会拡充や子育て支援に４０００億ドル（約45兆円）を投じる計画を打ち出した。中国は２０３５年の「教育強国」実現へ、高等教育の機会拡大などを進める。教育が国力を上向かせるという考え方は同じだ。

日本にも5年ごとに改定される「教育振興基本計画」があり、現在第3期計画が進行中だが、ビジョンとしての存在感は薄い。

08年の第1期計画の策定時、文部科学省は国内総生産（ＧＤＰ）比で３・５％の教育支出

を10年間で5％に引き上げる数値目標を盛り込むことを目指した。教育界や自民党の文教関係議員も賛同したが、財務省の反発に遭い頓挫。迫力を欠く内容になった。

当時、中央教育審議会の特別部会の委員として教育予算拡充を唱えた片山善博氏（元総務相・元鳥取県知事）は「微修正のような改革をやめ、世の中を教育重視に大きく動かすきっかけにしたかったが、骨抜きにされた」と憤る。そして「今の教育界は閉塞している。教育の枠組みを動かし、教育予算に余力を持たせるにも未来のビジョンをつくらないといけない」と訴える。

小手先の対応策で「やった感」を出し、岩盤を砕く抜本改革は見送る。その繰り返しをしている間に世界と差が開いた。片山氏の言う微修正のループから抜け出すには、骨太な教育の未来図が要る。

私はこう見る

ブランド主義が大学改革の壁

永守重信● 日本電産会長

改革がなかなか進まない日本の学校教育。岩盤のように変化を忌避する構造に風穴を開けるには何が必要か。大学経営に乗り出した日本電産創業者、永守重信氏ら、キーパーソンや有識者にインタビューした。

――経営に乗り出した京都先端科学大（ＫＵＡＳ）の工学部新設では文部科学省の認可が遅れました。

「会社をゼロからつくり、世界ナンバーワンの総合モーターメーカーになった。産業界は公平公正な競争原理が働いており、企業はどんどん改革を進められるが、大学は文部科学省が許認可権を握っている。審査の過程では重箱の隅をつつくような質問をされて苦労した」

「だが文科省でもＫＵＡＳの理解者が出てきて、２０２２年度にはビジネススクールも開設する。文科行政は変わってきたし、もっと変わると期待している」

――大学改革で最大の障壁はなんですか。

「根強いブランド主義だ。競争原理が働かない。友人の孫がＫＵＡＳに入りたいと言ったら、親や祖父母がブランド校ではないと猛反対した。本人も何をしたいのか定まっていない」

「新卒者を1万人採用してきたが、ブランド大と非ブランド大で能力に何の関係もない。それなのに親はブランド大を目指して子どもを小学校から塾へ行かせ、夜遅くまで勉強させる。大学に入るときはエネルギーを使い果たしている。これでは創造力もコミュニケーション能力も育たず、グローバルで通用しない」

「採用する企業側もブランド主義だ。その方が安心だからだ。社会が求める学生を送り出す方向に、家庭も学生も企業も考えを変えるべきだ」

――工学部はモーターも学べるのが特徴です。

「日本の工学部は幅広い知識を教えるが、モーター専門の学生は少ない。最初から専門分野を深掘りしないと、即戦力にはならず、世界に勝てない。米国ではモーターを学びたいならモーターで良い教育をする大学を選ぶ。ところが日本はブランドで選ぶ。名門大学なら学部は問わない。だから就職で10社から内定を取ったが、全部違う分野という学生が出てくる。専門性がないので、すぐに会社を辞めてしまう」

――ＫＵＡＳに多額の私財を投じました。

「日本では大学に寄付をする人が少ない。税制に問題があるからだ。米国では資産家がどんどん寄付をする。ハーバードなど財政が豊かな大学には多額の寄付が集まる。それで留学生を集め教員の研究費も出す。ところが日本では寄付をすると課税されかねない。これでは寄付はできない」

「国の補助金頼みでは硬直化した教育しかできない。財政が厳しいからと補助金を削れば、研究費がなくなり世界と戦えない。もっと資産家が寄付をしやすくすべきだ。明治初期は金持ちが私立大学をつくった」

――医学部創設の構想も表明しました。

「調べるとあまりにもバリアーが高い。政治も絡むし医師会も絡み、利害関係が複雑だ。医者が増えることを好まない人もいる。何かをするときに過去の壁を崩すことは並大抵ではない。医学部をつくりたいがこの壁を破る力が自分にあるのか。大概のことは諦めないが、これは簡単ではない。私が50歳なら可能性もあるだろうが、時間がない」

「これからの永守学園では人間教育をやりたい。日本人としての誇りを持ち、世界に通用し、将来の日本をつくる若者を育てることだ。例えばＤＸ（デジタルトランスフォーメーション）人材やソフトウエア技術者、人工知能（ＡＩ）の専門家など世の中が求めている人材だ。社会で不足している、こうした人材を育てたい」

ながもり・しげのぶ
１９４４年生まれ。職業訓練大学校卒。73年日本電産創業。２０１８年、京都学園（現・永守学園）理事長に就任し、19年に大学を京都先端科学大に改称した。

教育に風穴、後押しを

小林りん●UWC ISAK Japan 代表理事

日本初の全寮制インターナショナルスクールを設立した小林りんさんは、公教育に多様な選択肢を増やすためにも行政は民間などによる新たな取り組みを認める努力をしてほしいと訴える。

――２０１４年８月に日本初の全寮制国際高校「インターナショナルスクール・オブ・アジア軽井沢（ＩＳＡＫ）」（長野県軽井沢町）を開校しました。特に大きな壁は何でしたか。

「長野県知事の下に置かれる私学審議会の承認を得ることだ。県内の私学関係者で構成する審議会の承認がないと新しい私学はつくれないと私立学校法で決まっている。教育内容には自信があったが、12年の最初の審議会では法人設立を承認されず驚いた。外資系企業出身者で教育畑でない私の経歴への不信感があったようだ」

「認可が下りないため校舎を建設する計画も吹っ飛び、13年の開校を延期せざるをえなかった。数カ月後の再審議に向け、広報活動に力を入れた。地元紙などで特集され、淡々とした審議会資料だけでは伝わらない思いや人間味が伝わったと思う。数カ月後の審議会では満場一致ではないながらも、何とか承認を得られた」

――同業者が新規参入を阻む形になっています。

「教育は公的なサービスだから、ある程度の質の担保が必要だ。だが同業者による質の評価が適切なのかは疑問だ。オランダでは入学希望者が一定数を超えれば設立を許可している。子どもや親に評価を委ねる仕組みも検討すべきだ」

――他の障壁はどのように乗り越えましたか。

「83カ国から生徒が集う本校教員の8割は外国人で、日本の教員免許を取得できるかが問題だった。長野県から特別免許状を付与してもらうしかなかったが、前例は極めて少なかった。本校は海外の大学に入る資格を得られる教育プログラム『国際バカロレア』認定校だが、日本の学習指導要領に合わせると履修単位数が膨大になることも悩みの種だった」

「乗り越えられたのは、行政に大勢の理解者がいたことが大きい。特別免許状の審査では長野県教委が煩雑な手続きを親身に指南してくれ、審査を担当した教育学者も本校の教育方針に理解があったことで、対象者全員が免許を得られた」

「履修単位については親交のあった文部科学官僚に相談したところ、バカロレアの一部科目を指導要領の単位としても算定できる制度改正に尽力してくれた。行政に対して身構えず、情熱を持って働きかければ多くの人が味方してくれる」

――日本の教育はどうしたら変えられますか。

「今の教育が百点満点だと思う人はあまりいない。万人のための公教育はいきなり自由化できないから、私学を通じて多様な選択肢を増やすことが大事だ。国や自治体は新たな取り組みを少しずつ認め、風穴を開ける後押しをしてほしい。風穴が増えれば、教育は変わっていける」

こばやし・りん
1974年生まれ。東大卒。米スタンフォード大大学院修了。外資系金融機関や国連児童基金（ユニセフ）などを経て2014年にISAKを設立。

極端に差嫌う旧弊なお

坂東真理子●昭和女子大総長

国のリーダー層が劣化したといわれる背景には教育の問題もあると指摘する声がある。東京大出身で官僚として活躍した坂東真理子・昭和女子大総長は、社会のために尽くす真のエリートを養成する教育ができていないと訴える。

――教育が抱える最大の問題点は何でしょう。

「大学入試だ。社会全体が異様な関心を示すが、関心は入り口だけ。入学後の学生の成長には無頓着だ」

「国も大学教育に教員数や教室の広さ、設備など形式的基準は設けるが、学習成果はあまり問わない。企業も入社試験で体育会やクラブ活動やボランティア、留学などの活動歴は重視しても学業成績は軽視する」

「米国の大学は成績評価が厳しく留年率や中退率が高い。だから学生も必死で勉強する。ところが文部科学省は入学させた以上は卒業させるのが大学の責務だという。学生は勉強せず、大学教育は空洞化する」

――結果を重視しない。

「そう。小中高も同じだ。典型が学力テスト。学校間で差が出るとか、学力より人間性が大切などと反対する。社会とかけ離れた感覚で、教育界の岩盤だ」

「差はつけるな、学力偏重は悪、優秀な子を伸ばすよりは問題を抱えた子を優しくサポートしよう。差を極端に嫌うのは数十年前の教育哲学だ。それでいて、困難な子への効果的支援策とか、優秀な子をさらに伸ばす指導法など前向きな議論はほとんどしない」

――教員社会は保守的で閉鎖的といわれます。

「公立学校や教育委員会の主流を旧師範学校系の国立大教育学部出身者が占める。多くは地元の高校から地元の大学に入り、その後もずっと地元の教育界。自分たちが受けた教育の世界で純粋培養されている」

「これからは創造性や挑戦心を育む時代。多様な経験を持つ人材の中途採用や教員免許の弾力化などで、新しい価値観やスキルを持つ人を受け入れるべきだ」

「国際的には、自国民の学力・能力を引き上げる競争が激化しているのに、今の日本は周回遅れだ」

――国のリーダー層の劣化も指摘されます。

「世のため、人のために自分の能力、才能をささげる人がエリートだ。いくら成績優秀でも、栄達や安楽、幸せな人生だけを求めるのはエリートといえない」

「古代アテネの市民も、日本の武士道や英国のノブレス・オブリージュも、地位が高い人は社会のために尽くすことを求められる。日本の大学はそういうことを教えていない」

――明治期に官僚養成のため誕生した東大法学部から国家公務員になる学生が減りまし

た。

「東大法学部の堕落だ。今の東大生は世のため人のためという志が希薄だし、東大も国や社会を支える意義を伝え切れていない。自分の能力が発揮でき、それが収入で返ってくる職業選択が賢いと考えている。幼少期から『お勉強頑張りなさい』『能力を磨き、好きなことをやりなさい』と言われ続けてきたのだろう」

ばんどう・まりこ
１９４６年生まれ。
69年、東大文学部卒、総理府へ。
内閣府男女共同参画局長などを歴任。
昭和女子大学教授、学長を経て２０１６年総長。

（２０２１年10〜11月新聞掲載）

第2章

いびつな日本の「学歴」問題

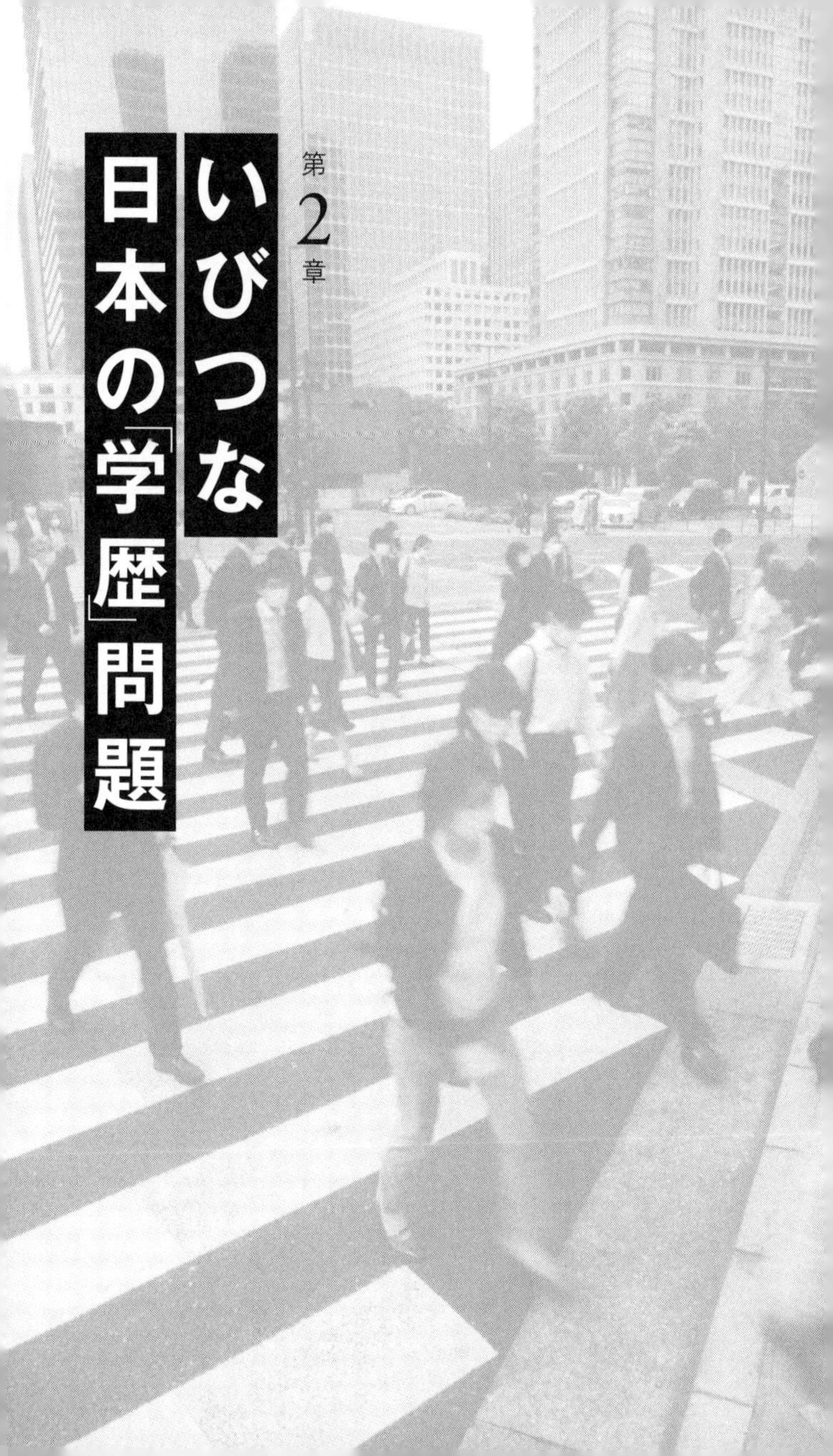

1　本物の高学歴者は日本には少ない

博士号と「イノベーションを起こす力」の関係

「Ph.D.（博士）が活躍する職場をつくりたい」。フリーマーケットアプリ大手のメルカリは2022年から、国内の大学院博士課程に社員を送り出すことを決めた。研究職の社員以外も対象で、原則3年間の学費を支給。時短勤務や休職を認め、仕事と研究の両立に道をひらく。

テーマは同社にとって有益で、経済の発展や社会課題の解決につながるなら何でも可。22年6月までに5人程度を選ぶ。マネジャーの多湖真琴さんは「企業で働く博士のロールモデルにしたい」と意気込む。

大学院教育を通じた人材の高度化に経済界が期待を寄せている。日本製鉄はリスキリング（学び直し）を進める社員に最長3年間の休職を認める制度を始めた。大学院で学び、博士号を取得することも視野に入れた試みだ。

世界はとうに博士が産業革新をけん引する時代に移っている。山口栄一・京都大名誉教授らによると、米国では革新的なベンチャーを政府が支援するＳＢＩＲ制度で、対象企業の代表者の74％が博士号を持つ。

それはなぜか。経営共創基盤の冨山和彦グループ会長は、米国の大学院について「Ｐｈ．Ｄ．を取るまでの知的訓練は破壊的イノベーションそのものだ」と強調する。

博士論文が査読を通るには通説をひっくり返すような新規性が不可欠だ。博士課程の学生は今まで存在しない仮説を立て、実験などで検証し、一般的に通用することを証明しなくてはならない。その能力を身につけるのが大学院の訓練であり、Ｐｈ．Ｄ．はそれが一通りできることの証し（ライセンス）といえる。

冨山氏によると、ビジネスの世界の破壊的イノベーションも同じ。テクノロジーや人々の価値観の変化を観察し、「実はこういうビジネスが求められているのではないか」などと考え、新しい発想にたどり着く。そこに一般性があることで大規模な産業革新が起こる。

「ベンチャー企業はみな新しいビジネス仮説を創造し、事業展開して検証し、間違っていたら仮説を修正するという知的でアジャイル（機敏）なプロセスを回転させている。これは科学者がイノベーションを目指すときの発想と全く同じだ」と富山氏は言う。

１９８０年代以降、モノから情報や先端技術に富の源泉が移り、それらを組み合わせるデザインや発想が社会を変えながら企業を成長させるようになった。Ｐｈ．Ｄ．のような知的プロフェッショナルが価値の創造を先導する時代が訪れた。

日本の博士号取得者は他先進国を大きく下回る

「大学教育が普及し、国民の教育水準が高い」。私たちはそんなニッポン像を持っていないか。だがそれは幻想だ。日本は先進国の中で「低学歴国」になりつつある。

文部科学省科学技術・学術政策研究所の「科学技術指標２０２１」で人口１００万人当たりの博士号取得者数を見ると、日本は米英独韓４カ国を大きく下回っている。日本の博士号取得者は18年度に１２０人だが米国は２８１人。ドイツは３３６人、英国は３７５人、韓国は２８４人だ。

しかも、10年前の08年より減少しているのは中国も加えた６カ国中、日本だけだ。米国で博士号を取得する日本人もピーク時の07年には２７６人いたが、17年には１１７人まで減った。国別の順位は21位だ。

修士課程を終えて博士課程に進む学生の数は03年度の１万１６３７人がピークで、18年度には約半分の６０２２人まで落ち込んだ。正規雇用で安定した研究ポストが減り、博士号を取ってもその先の展望が描きにくいことが背景にある。

人口100万人当たりの博士号取得者数

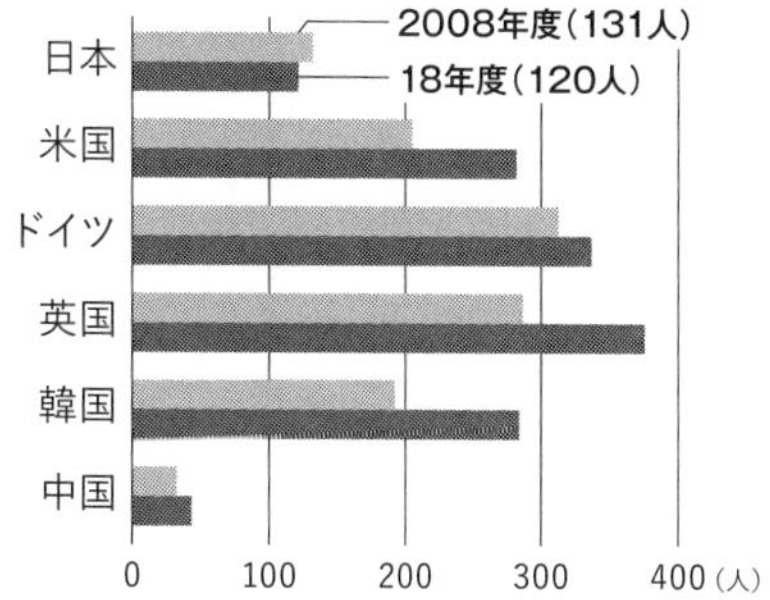

（注）文部科学省科学技術・学術政策研究所「科学技術指標2021」を基に日経が加工・作成

次に、日本の研究力を見てみよう。注目度の高い科学論文数の国際順位は１９９０年代前半まで世界3位だったのが２０１８年は10位まで落ちた。同じ平成の30年間に産業競争力も低落。鉄鋼・造船のような重厚長大型産業だけでなく、家電製品やパソコン、半導体のようなハイテク分野でも国際市場シェアの低下が進んだ。

産学そろっての地盤沈下を招いた「主犯」は、イノベーションの担い手を育てる仕組みの弱さだ。イノベーションといっても日本が得意とした「よりよいものを、より安く作る」式のプロセスイノベーションではない。米アップルのｉＰｈｏｎｅ（アイフォーン）のようなプロダクト（製品）イノベーションである。プロセスの改善から製品の創造へ、というイノベーションの変化に日本は乗り遅れた。

ちなみに、日本の自動車産業は国際競争力を維持している。「自動車では同質の集団で改善改良を積み重ねていくモデルがまだ通用するからだ」という冨山氏の指摘は興味深い。ただ、環境負荷の低い電気自動車（ＥＶ）への転換が進む中で、日本のクルマ産業もプロダクトイノベーションの力を問われるようになっている。

日本は経営者も従業員も学歴が低い

イノベーションを生み出せる、高い知的戦闘力を持った人材が育っていない。それが日本の弱点だ。その根っこには大学院に対する日本社会の評価の低さ、期待の欠如がある。

日本企業は新卒採用に際して応募者を学歴、つまり「どの大学に合格したか」でふるい分けするやり方を長く続けてきた。大学でどんな学び（知的訓練）を経たか、そこで何を身につけたかは、ほとんど問われない。

そうした社会では、学びは入試を突破して学部に入った時点で終わりだ。大学院は研究者を目指す、ごく限られた層の学生が集まる場となり、魅力が高まるはずはなかった。

高校段階までの教育で人材の質が保たれていたことも見逃せない。関西学院大の村田治学長は「日本や東アジア諸国の成長を支えたのは充実した初等中等教育。大学で学力が伸びなくても何とかなった。高校までの教育にばらつきのある米国が大学・大学院を強化したのと対照的だ」と指摘する。

学歴社会に対する過剰な批判や、学問より社会経験を重視する一種の「反知性主義」も大学院軽視の岩盤を強固にした。入社同期が「横一線」で競争を始めることをよしとする企業風土の下では学士、修士、博士といった学位の違いは重視されない。

先ほどの「科学技術指標２０２１」によると、米国では19年時点で21万５５００人の博士が企業で働く。大学などは24万１０５０人で、企業との差はさほど大きくない。一方、日本は企業で働く博士は２万４４７０人（20年時点）。約18万人いる博士号保持者の75％、13万６０８２人が大学などに集中する。

企業の研究者に占める博士の割合も日本は4・4%で、フランス（12・1%）や米国（10・1%）を大きく下回り、韓国（6・7%）、台湾（6・2%）にも後れをとる（文科省調べ）。

経営者の学歴差も鮮明だ。経済産業省作成の資料によると、日米の時価総額上位１００社の経営者のうち、日本では84%が学部卒で大学院修了は15%。米国は67%が院卒で、博士課程修了者も1割いる。企業人たちの学びの到達点の低さ、本当の意味での「低学歴」が、日本企業の競争力向上を妨げているように見えてならない。

経営者が学部卒では堪えられなくなる時代

危機感は急速に広がっている。中央教育審議会の渡辺光一郎会長（第一生命ホールディングス会長）は「ものづくり・大量生産型の社会が情報化・グローバル化した社会に変わる段階で日本は産学がともに出遅れ、改革を進められなかった。１９８０年代の蹉跌《さてつ》だ」と指摘し、こう続ける。「私の世代までは企業の経営者が学部卒でも何とか堪えられたが、これからは違う。大学も企業も変わり、リカレント教育（社会人の学び直し）を通じて仕事と学びの好循環を実現すべきだ」

　その芽はある。早稲田大を幹事校とする国公私立の13大学が2018年に始めた「パワー・エネルギー・プロフェッショナル育成プログラム（PEP）」。世界最高水準の教育・研究力を備えた大学院をつくる文科省の事業「卓越大学院プログラム」の対象に採択された。修士段階から5年一貫の教育課程で育てるのは、大学や企業で脱炭素を含むエネルギー分野の革新に貢献できる博士だ。

電力・エネルギー分野の博士人材を育てる
早稲田大などのプログラム

　各大学の学部からの進学者に加え、大手商社や電力会社の社員らも参加。大学と産業界の間の壁を取り払い、企業での実習やビジネスアイデアを練る演習を通じて磨き合う。

　統括する林泰弘・早大教授によると、電力分野の研究は従来、電力会社の管轄に応じて地域で分断され、大学間で連携・協力する機運が乏しかった。

ＰＥＰでは13校の連携により材料、機器から電力システム、技術の標準化まで幅広く学び、研究する。「世界でもＰＥＰでしか学べない内容」（林教授）だ。

他大学の学生や企業からパートナーを見つけて論文を書き、博士論文では新事業の創造に触れることを求める。最後の修了審査に合格すれば13大学の学長連名の修了証を授与する。林教授は「博士人材の改革は1大学だけではできない。交渉力やマネジメント力も備えた、世界で戦える博士を輩出したい」と意気込む。

文系の大学院も教授の後継者を育てる場から脱皮する必要がある。関西学院大の村田学長は「学問で身につく大局観や学び続ける習慣、科学的に人を説得する技術は経営者になる訓練として有効だ」と指摘。民間に就職する学生にとっても意味のある大学院教育の実現に向け、教員の意識改革を求める。

最大の課題は教育と経済にまたがる岩盤を砕くドリルが見えないことだ。文科省は義務教育の管理官庁の性格が強く、高等教育政策の司令塔としての存在感は薄い。

多くの企業も院卒採用の経験・ノウハウがなく、博士の採用拡大に向けて大胆な一歩を踏み出せずにいる。採用選考の担当者や責任者が学部卒で大学院教育を知らず、院卒者をどう評価してよいか分からないことも多い。

脱「低学歴国ニッポン」への一歩

ネット関連企業のＧＭＯインターネットグループは23年春入社から、文系理系を問わず高度なスキルを持つ専門人材の初任給を年収７１０万円（月額換算では約59万円）に引き上げた。人の能力をきちんと評価し、優秀さに応じて手厚く処遇する動きが広がれば、博士の活躍の場を広げる上でも追い風になる。

高校生に将来の進路として、大学院進学があることを知らせていくことも大事だ。

日本はこれまで、大学院を含む高等教育が社会の中でどのような役割を果たすべきなのかを、きちんと考えてこなかった。その結果、企業は大学院教育に期待せず、大学院は研究者を育てるだけで満足し、学生もより高度な学位に挑戦しないという、三者それぞれが低いレベルで納得してしまう状態が生まれた。

そうしたぬるま湯のような均衡を、いつまで続けるのだろうか。産業界には戦後の高度成長をなし遂げた成功体験がいまだに強く残ることも、従来モデルからの脱却を難しくさせている。だからこそ、産学官が連携してビジョンを描き、実行することなしに「低学歴国ニッポン」の危機は脱せない。

2 卒業したけどできてない〝学び直し〟の裏側

技術系社員の78%が基礎知識不足

「最近の技術系新入社員は材料力学などの基礎学力が身についていないのではないか？」

農業用トラクターの大手で農業機械や建設機械、建築材料、鉄管などを幅広く手掛けるクボタ（大阪市、北尾裕一社長）で、新人研修の担当社員からこんな声が上がりだしたのは2010年代初期の頃だった。

クボタは入社10年までの若手技術者を対象にテストをした

クボタは事務系社員と技術系社員を分けて採用している。技術系の9割は有名大学の大学院修士課程の修了者だ。にもかかわらず、研修を担当する社内の講師陣から「今の40歳代、50歳代の社員なら当然、正解するような質問にきちんと答えられない」という声が相次いだのだ。

そこでクボタは16年、大阪・堺の研究開発部門に所属する入社10年未満の技術系社員３６０人を一堂に集め、機械系技術者として業務上欠かせない「材料力学」「疲労強度」「材料・熱処理」の３科目について基礎的なテストを実施した。

結果は衝撃的だった。降伏点や引っ張り強さ、ヤング率など基礎的な言葉の理解や計算問題の正答率は22%。実に78%が期待するレベルに達しなかったのだ。

事態を重く見たクボタは同年10月から2年間、入社10年未満の若手を対象に「材料力学」「疲労強度」「材料・熱処理」の〝学び直し〟教育を行った。「材料力学」の対象者は約２８０人。90分授業を都合６回行った。「疲労強度」と「材料・熱処理」は３６０人を対象にそれぞれ90分授業を４回。１クラスは15人程度で各科目とも概ね２週間に１回の頻度で開催するスケジュールだった。

現在はこうした大規模な学び直し授業は行わず、最初から通常の新入社員研修のプログラムなどに学び直しを取り込んでいる。

人事・総務本部長やクボタ技能研修所長を務める木村一尋専務執行役員は「若手社員は大学・大学院で勉強してこなかったわけではない。基礎的なことで学部の１、２年生辺りで学ぶことが多いので、その後、大学院で先端的な研究をしていると忘れてしまうのだろう。一度、勉強し直してもらうと本当によく分かってくれて実際の製品開発に役立っている」と話す。だが、先端的な研究に目が向き基礎・基本が手薄になりがちな大学院教育の課題も透けて見えるエピソードだ。

一発勝負型ペーパー試験から〝学力不問入試〟へ

企業でも始まった学び直し。実は学校では学び直しはかなり定着している取り組みだ。顕著なのが大学だ。少子化による18歳人口の減少と四年制大学がおよそ８００校まで膨れ上がった結果、学校を選り好みしなければ進学希望者がほぼ全員入学できる〝全入時代〟が到来。一部の難関大学を除く多くの大学が入試の選抜機能を失った。

同時並行的に進んだのが大学入試改革だ。長い間、日本の高校教育は大学入試の対策に追われ、高校本来の学びを実現できていないと批判されてきた。そこで近年の改革は入試の多様化を進めて受験生の人間性や学ぶ意欲などを評価したり、一点刻みの点数至上主義入試を見直したりと、偏差値に縛られない入学者選抜などが主流となった。多くの大学が総合型選抜（旧ＡＯ入試）や学校推薦型選抜（旧推薦入試）の枠を増やす一方、一般入試でも受験科目の縮減を進めた。

一連の改革が一発勝負型ペーパー試験の弊害を緩和し、柔軟な入学者選抜の実現に貢献したのは間違いない。だが、少子化で受験生獲得に火花を散らす大学にとって、もっけの幸い

大学で高校段階の補習を受けた学生の割合

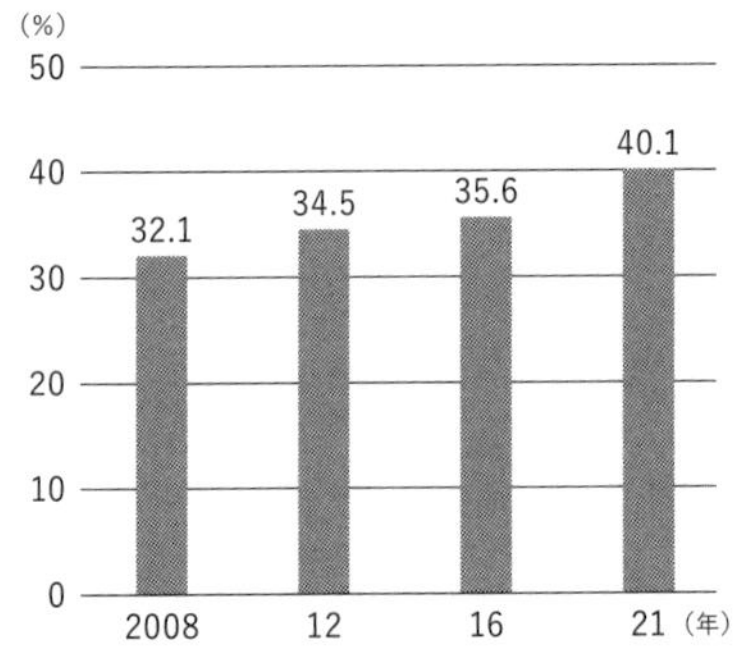

（注）「よく+ある程度あった」の合計
（出所）ベネッセコーポレーション

となったのも確かだ。総合型や推薦は学力を厳しく問わず、高校生を早期に囲い込むことができる。受験市場で競争力の弱い大学にとっては誠にありがたい仕組みだった。

少子化に苦しむのは高校も同じだ。進学実績を上げ生徒確保につなげたい中堅クラスの高校がこぞって総合型・推薦への対策を強化した。

この結果、大学入試の主戦場はかつての正月明けから3月までという常識が崩れ、12月末までに総合型・推薦で合格を決める受験生が急増した。

文部科学省の調査によると、21年度に一般入試を経て入学した大学生は49・5%と半数を割った。国公立は78・9%とまだ多数派だが、私立では41・5%で43・5%の推薦を下回る。この〝学力不問入試〟の拡大が大学に新たな課題を生むことになる。

高校は総合型・推薦で進学を希望する受験生が増えると、面接の技術や自己アピールに盛り込む社会貢献活動やクラブ活動などの指導を重視するようになった。その影響は文科省の「大学教育内容等の改革状況調査」から顕著に読み取れる。

調査によると20年度は全国の大学の495校（65・9％）が「高校での履修状況に配慮した取り組み」を行っている。過去5年間を見ると、実施割合は65・9～76・1％と7割前後をキープしており、高校の学習内容の〝学び直し〟が大学に完全に定着していることがうかがえる。21年度のベネッセコーポレーション調査では、大学生の40％が高校レベルの補習を経験したと答えている。

高校で小中学校の〝学び直し〟

高校でも中学校の学習内容が身についていない生徒の〝学び直し〟が課題になっている。特に教育困難校といわれる高校では深刻だ。

私立横芝敬愛高校（千葉県横芝光町）の白鳥秀幸校長は自ら開発した科目「マルチベーシック」を週に4コマ設定、生徒たちにかけ算九九や漢字の書き取り、日本地理など小学校段階の学習をイチから学び直させている。

白鳥校長が「マルチベーシック」を最初に導入したのは千葉県立高校の校長時代。いわゆる最底辺校で地元からもお荷物扱いされていた高校を、徹底した学び直し教育で再生させた。

「小学校の初期の段階でつまずき、そのまま中学校に進んで、かけ算九九もアルファベットの読みも怪しいまま高校に入る生徒は少なくない。授業がまるで分からないのだから学校がつまらないのは当然だ。それで非行に走り、結局は高校を中退してしまう。分からないところをもう一度丁寧に教えて理解させると、彼らは落ち着く。学び直しは生徒指導にもつながる」。小中学校教育の〝ツケ〟を高校で払う白鳥校長の実践は共感を呼び、今は全国に広がっている。

行き過ぎた平等主義がもたらす弊害

日本の義務教育は3月末に学年が終わると、子どもの理解度に関係なく進級させる「履修主義」をとる。「留年はかわいそう」との配慮からだ。その結果、「高校生の7割、中学生の5割、小学生の3割が授業についていけない」（七五三）と揶揄《やゆ》される状況が生まれた。

中学校の現職校長に「自分の学校に小学校の学習内容が十分定着していない生徒がいるか」と尋ねたところ、「ほとんどいない」と言い切ったのはわずか2・3％に過ぎず、12・5％が「3、4割以上いる」と答えたという民間調査もある。

履修主義の対語は「修得主義」だ。「何を履修したか」ではなく、「何を身につけたか」を評価する考え方だ。海外では義務教育段階でも修得主義を導入し、留年させる国もある。

「横並び」を重視し、「みんな一緒」を尊重する日本の社会風土では、義務教育段階の留年は抵抗が強い。だが、かつて同じクラス内で習熟度別学習を導入する動きが広がったときに教員から強い拒否感が出たように、学校現場には行き過ぎた平等主義が岩盤のように根付いており、それは必ずしも子どもの幸福につながらない。

過度の平等主義を支えた履修主義の浸透は、小学校から大学まで進級・卒業に甘い学校文化を生んだ。一見、子どもに優しいようだが、必要な能力が身につかないまま社会に放り出してしまう側面もある。それでいて、教育成果は問われないのだから学校には極めて好都合な仕組みでもある。

社会のグローバル化やデジタル化が進む中、社会で求められる資質能力はますます高度化・複雑化する。学習指導要領で求められる学習内容を身につけさせることなく、上級学校へ先送りすることはもはや許されない。学び直しの広がりは、そうした岩盤のような学校文化への異議申し立てなのだ。

日米の大学で通算50年の教員経験を持つ鈴木典比古・元国際基督教大学長は「本来、制度が保証すべき力が形骸化している」と指摘し〝学びの質の保証〟を説く。つけるべき力をつけないままでいると卒業証書は空洞化し、学校制度の信頼性が揺らぐのに、教育界に危機感は乏しい。

3　学習内容は「ゆとり」ならぬ「ふとり」化

脱・知識注入型を目指す「新学習指導要領」

授業は英語で行うことを基本とする――。２０２１年春に実施された中学校の英語の新学習指導要領にこんな一文が加わった。実践的な英語力を早くから育てる狙いだが、東京都内の公立中の50代の女性教員は「現場の状況を全然理解していない、現実離れした内容だ」とあきれる。

公立中の教室には、塾で先取り学習している生徒からアルファベットの読み書きがおぼつかない生徒まで、様々な学力層の子どもがいる。「１人も取り残さないのが公立の役目」という女性教員は、黒板の前で「Page fifty-nine」と指示した後、教科書を閉じたままの生徒のそばに近づいて「59ページ」とつぶやいている。それが現実だ。

学習指導要領は、小中高校などで各教科の目標や学ぶ内容を定めたもので、戦後間もない１９４７年に教員の「手引書」として初めて策定された。58年改訂から官報告示になり、「法的拘束力を持つ教育課程の基準」と位置付けられるようになった。

その内容は、教育の専門家らでつくる中央教育審議会の部会での議論を踏まえ約10年ごとに改訂が重ねられてきた。全国どこの学校でも同じ内容を学べる仕組みは国民の教育水準の底上げに寄与し、戦後の経済復興を下支えしたといわれる。

一方で、こうした成功体験は抜本的な見直しを阻む壁となり、改訂は新たな要素を積み上げるルーティン作業と化した。その果てに膨らみ続けた学習指導要領に、学校現場はついていけなくなりつつある。

２０２２年度までに全面実施された最新版の学習指導要領が理念として掲げたのが「主体的・対話的で深い学び」（アクティブラーニング）だ。知識注入型の授業を脱し、討論などを通して思考力や表現力を身につける目的がある。

しかし都内の公立小の男性教員は「毎回やっていたら学習範囲を終えられない」と打ち明ける。授業の最後に数分間、意見交換させるのが精一杯で、形だけになっていないかとても不安だという。

「理念には共感できるし、やれるだけのことはしたい。でも、そのための時間は自分でひねり出すしかない」。この教員は、そんな思いを抱きつつ授業のあり方を模索している。

正規免許のない教員が新科目「情報」を担当

今回の学習指導要領には、先端技術の活用やデータ分析を通じて、企業などのＤＸ（デジタルトランスフォーメーション）の推進を担うデジタル人材育成への期待も込められている。政府は「26年度までに２３０万人のデジタル人材を育てる必要がある」と試算。高校段階でプログラミングやデータ分析などの基礎知識を身につけられるよう「情報科」の指導内容を再編し、従来よりも高度な内容を盛り込んだ。

理想と現実の落差は大きい。25年1月の大学入学共通テストから「情報」が新設されることが決まった今も指導環境は整わない。

「教師なのに生徒の知的好奇心を満たせない。これでいいのかな」。中部地方の公立高で教える50代の女性教員は、葛藤を抱きながら教壇に立っていた。本来は音楽の教員で、22年3月までの1年間は「免許外教科担任」として週2時間、情報の授業を受け持った。

基本的なパソコンの操作はできても、教科としての情報の知識はない。一から勉強し、予習も欠かさなかったが、付け焼き刃ではどうしても限界がある。授業中に生徒の疑問に答えられず、正規免許を持つ同僚の助けを求めて職員室に走ったこともあった。「理念に体制が追いついていない。結果的に割を食うのは生徒たちなのに」と憤る。

文部科学省の22年5月時点での調査では、公立高で情報科を担当する教員４７５６人のうち、16%にあたる７９６人が正規免許を保有していなかった。高い目標を打ち出しながら肝心のインフラ整備は後手に回る、見立ての甘さが浮き彫りになっている。

「ゆとり教育」批判のトラウマ

学習指導要領の拡大に、国が歯止めをかけようとしたこともあった。学習内容を3割減らし、自ら考える力を養う「ゆとり教育」だが、結果は無残だった。

ゆとりをうたった学習指導要領の実施を控えた１９９９年、首都圏の電車に学習塾大手の日能研の広告が並んだ。「半径×半径×３⁉」。円周率を３・１４でなく「およそ3」として計算することになったとして、問題提起した。高木幹夫・日能研代表は「円周率は計算の工夫を学ぶのに大事。それをなくすなんて、と驚いた」と振り返る。

実際は「概算なら3を使うこともできる」というだけだったが、社会の批判は一気に拡大した。火消しに回ろうとした文部省（現・文部科学省）の努力もむなしく、ゆとり路線は結果的に軌道修正を迫られた。

知識の「注入」と「活用」のどちらを重視するかで揺れ動いてきた学習指導要領。社会の変化を踏まえ、次々と新たな要素が組み込むことが求められるようになった一方、もともとの内容は削減されないままだ。小針誠・青山学院大教授（教育社会学）は「ゆとり教育で強い批判を浴びたトラウマで、文科省は学習内容を削ることができなくなっているのではないか」とみる。

結果的に、最新版は「ゆとりの再来」と評されるアクティブラーニングが加わり、前回の１・５倍の分量に膨れた。小針教授は「これでは『ゆとり』ならぬ『ふとり』化だ。政財界などの要望を取り入れる一方で、現場に関する議論は不十分だった」と批判的にみる。

「円周率をおよそ3で計算することになる」とした日能研の広告

この間に各国は大胆な試みを進めてきた。韓国の小学校で教科として英語が導入されたのは日本より20年以上早い１９９７年。日本との英語力の差は顕著に表れており、英語能力テスト「ＴＯＥＩＣ」では韓国の平均点（２０２１年）は６７９点で、日本より１００点以上高い。

韓国では07年のカリキュラム改訂で、中高のプログラミング教育も始まっている。英国も14年から5歳児にプログ

教科書のページ数の推移
(全教科・全学年合計の各社平均)

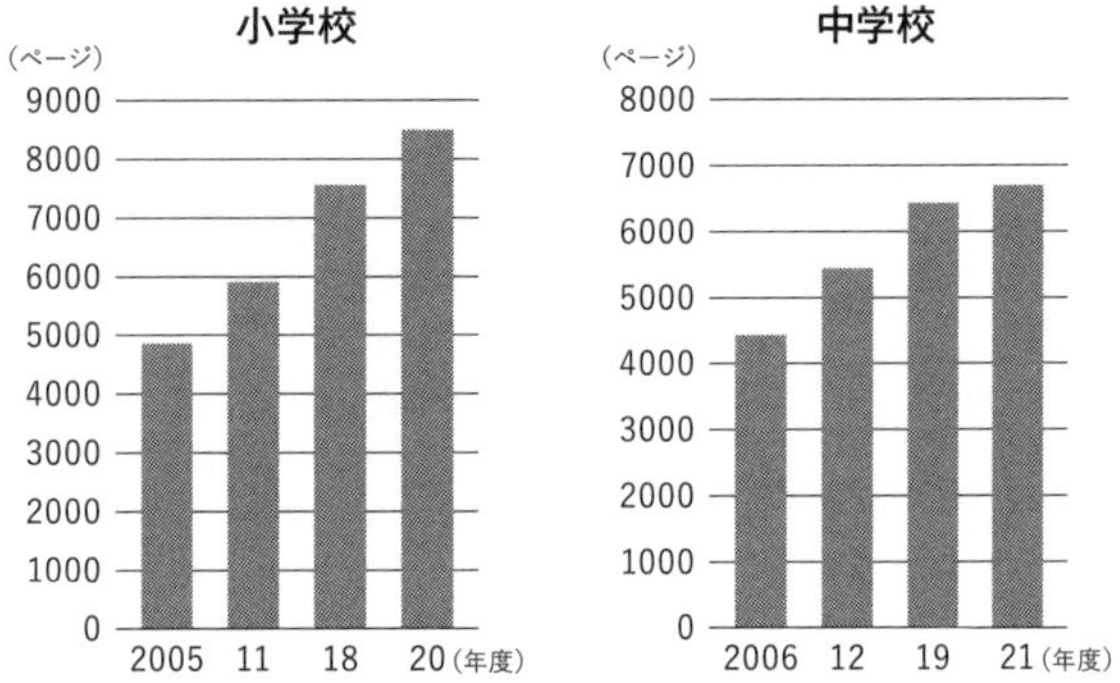

(注) 一般社団法人教科書協会「教科書発行の現状と課題」から作成。
小学校は18年度から道徳、20年度から英語が追加。中学校は19年度から道徳が追加

ラミング教育を受けさせている。ようやく重い腰を上げた日本だが、心もとない指導体制でどれだけの成果を出せるかは未知数だ。

広がる現実と学習指導要領の差は、教育専門家が10年ごとに集まってつくる手法の限界を映し出す。前例踏襲と内向き体質から脱し、社会の変化を先取りできる人材の育成につながる仕組みをつくらなければ、日本の教育は漂流を続けるだけだ。

４　難関突破の条件は「学力」以上に「裕福な親」？

月10万円の塾通いも「高くない」

２０２２年２月１日、私立中学の最難関、開成中（東京・荒川）の入試会場に向かう受験生を小４男児と父母が見つめていた。２年後の本番に向けた「見学」という。小１からの塾通いに月10万円かける母親（41）は「東京大に受かるためなら高くない」と言い切る。

慶応義塾を創始した福沢諭吉が「門閥制度は親の敵《かたき》」と訴えたように、日本の近代教育は身分に関係なく有為な人材を育てる目的で始まった。学校は平等な機会を開く装置とされた。

１００年以上が経った現在、学校は格差構造を再生産する装置になっている。多額の塾代をかけないと難関大合格がおぼつかない現実がそれを物語る。

学習塾「栄光ゼミナール」の推計によると、22年度の首都圏１都３県の国立・私立中と公

私立中学の入学式（東京都内）

立中高一貫校の受験者数は約6万7500人と12年度比で4000人増えた。

文部科学省がまとめた21年度の「子供の学習費調査」では、小学生の年間平均の塾代は公立で8万1000円、私立は27万4000円で過去最高だった。調査が開始された1994年度以降、増加の一途をたどる。

中学受験熱が高まる中、有名塾の指導についていくため別の塾に通う子すら出てきた。こうした「ダブルスクール」について、塾関係者は「1時間で5万～6万円程度の授業料を求める業者もある」と明かす。塾代は小4からの3年間で500万円を超すことも珍しくないが、負担を許容できる世帯は限られる。

小6の子が難関校を受験する専業主婦（41）は「手間やお金をかける余裕がないと中学受験はできない」と断言する。これまで週末を含め連日のように塾に通って親子二人三脚で準備をしてきた。塾や模試で顔を合わせる受験仲間も専業主婦が多く、父親は医者や弁護士、企業幹部など高収入層が多いという。

東大生の54%は、「年収９５０万円以上」家庭出身

負担はお目当ての中学に合格すれば終わりとは限らない。東大受験指導で有名な塾は難関中に合格した直後の親子に「大学受験の準備は早ければ早いほど有利」とさらなる〝投資〟を促す。

文科省の調査では、子ども１人あたりの塾や習い事などへの支出は世帯所得に比例して高くなる傾向がみてとれる。小学校の場合、年収１２００万円以上で私立に通う世帯（76万２０００円）と、年収４００万円未満で公立に通う世帯（13万７０００円）の差は５・５倍に上る。

地域差も大きい。年間平均額を人口規模別に見ると、公立中の場合、人口10万人未満の市町村は27万７０００円だったが、１００万人以上や特別区では44万５０００円と16万円以上の差があった。都市部ほど進学熱が高い傾向がうかがえる。

結果は明確に表れる。東大合格者は私立中高一貫校の卒業生が多数を占め、学生の54％は

東大生の世帯年収は950万円超が5割を超す

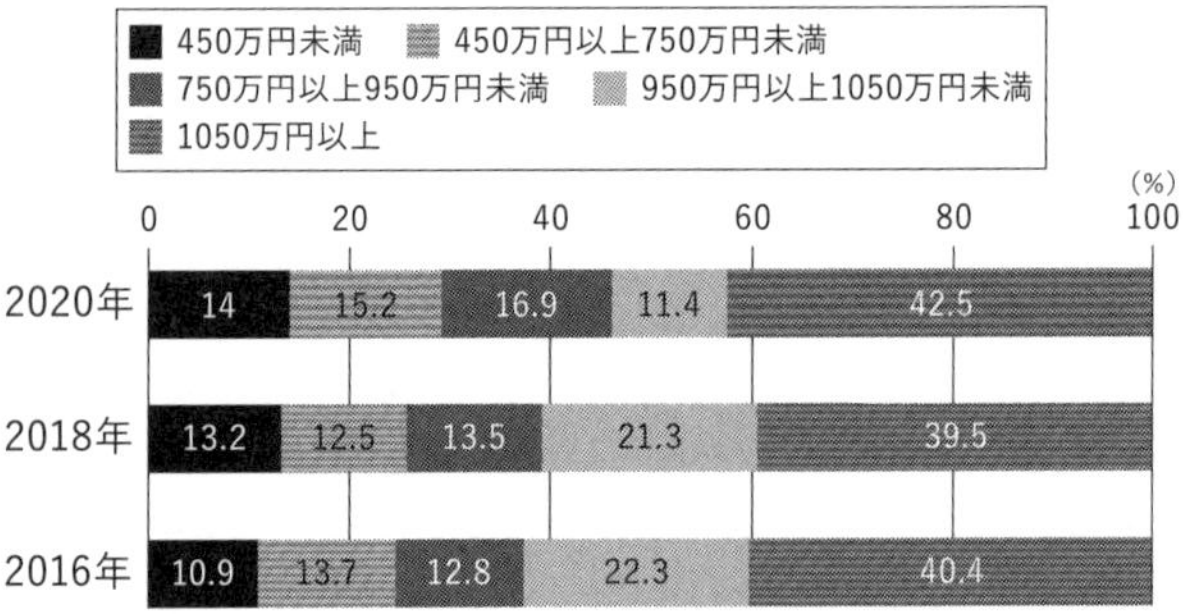

（出所）東京大学学生生活実態調査

年収９５０万円以上の家庭出身だ。

大学入学後に燃え尽きて無気力になるなどハードな受験勉強にはリスクもある。

22年1月の大学入学共通テストでは東大の試験会場付近で刺傷事件が起きた。逮捕された高校生の少年は「医者になるため東大を目指していたが、成績が落ち自信をなくしていた」と供述した。

大阪府の試験会場では19歳女性の受験生がスマートフォンを使った問題流出に手を染めた。関西の大学に通いながら東京の有名私立大を目指す「仮面浪人」をしていた女性は「成績が上がらず魔が差した」と警察の調べに動機を語ったという。

事件まで起こすのは極端な例であり、多くの受験生が同様の行為をするわけでは当然ない。一方で彼らを追い詰めた背景に受験の重圧があった可能性も否定できない。

沖縄と東京の大学進学率は26・9ポイントの差

少子化と大学増で「受験地獄」は死語となり、選り好みしなければ誰もが大学に入れる時代になっている。それにもかかわらず、難関大を目指す「合格歴競争」がやまないのはなぜなのか。

耳塚寛明・青山学院大特任教授（教育社会学）は「学歴くらいしか努力で手に入るものがないからだろう。ただし出身家庭による不平等は大きい」と話す。

長引く景気低迷を受け、非正規雇用を余儀なくされる若者らが増えたことが問題化して久しい。先行きが不透明な社会を生き抜くため、学歴を得て少しでも安心したいという気持ちが強まることは自然なことといえる。

ただ、経済格差が学力格差に直結する社会は正常とはいいがたい。

厚生労働省の調査によると、貧困家庭に育つ子どもは7人に1人に上る。貧困家庭が教育費にかけられる余裕は乏しく、食費さえ捻出できず、ボランティアによる無料の子ども食堂や自治体の支援に頼る親子は少なくない。

せめて教育だけは所得の多寡に関係なく皆に開かれたものでなければ、世代をまたいで続く貧困の連鎖は断てない。多くの人がそう感じてはいるが、解決することは容易でない。

子どもの貧困率が約2割と全国平均を上回る沖縄県。全国学力テストの成績が全国最低水準に沈んでいたのを受け13年から小中学校での放課後補習を進めた。21年度の正答率は小学校国語で全国平均を上回るなど改善している。

しかし多額の費用がかかる大学進学は別だ。同県の22年3月の大学などへの進学率は44・6%と全国最下位で、1位の東京都とは26・9ポイントの差がつく。学力向上を主導した諸見里明・元県教育長は「家庭環境の差を埋めるのは簡単でない」と語る。

「裕福な家庭の子が集まる進学校」の問題点

取り残された側の不満は強い。

米ハーバード大のマイケル・サンデル教授は著書『実力も運のうち　能力主義は正義か?』

（早川書房）で、米国では恵まれた境遇で育ち難関大に入った「能力主義的エリート」が特権を享受し、敗れた層を見下していると指摘。軽んじられた人々の怒りが米社会の深刻な分断を生んだとする。

日本も無縁ではない。国立教育政策研究所は19年、高校生がいる世帯の進路希望を調べた。すると年収が高いほど学費の安い国公立大を志望する割合が高い傾向がみられた。年収の少ない世帯が教育機会も狭められるようでは分断が広がる可能性がある。

進学校に裕福な家庭の子だけが集まれば、多様性を学び合う機会を失う。似た環境で育った「エリート」だけでは複雑化する社会をかじ取りすることも難しくなる。

格差を研究する橋本健二・早稲田大教授は「弱者の側で物事を考えられる人材を育てなければならない」と話す。

どんな家庭や地域に生まれても子どもの潜在能力は裕福な子と変わらない。平等な機会の提供と有為な人材の育成という役割を果たせるか。学校の存在意義が問われている。

5　東大や理系大学、今も女子が少ない理由

日本女性の理系進学率はOECD諸国で最下位

成績優秀な女子学生は入学金を実質免除――。芝浦工業大は２０２２年度の入試から、女子限定の〝大盤振る舞い〟を始めた。

一般入試合格者で上位の女子約１００人と「公募制推薦入学者選抜（女子）」の入学者約30人に入学金相当の28万円を給付する。女子学生の３人に１人弱が恩恵を受ける計算だ。反応は上々で、一般入試の女子志願者は前年度比９％増えた。

同大学の22年度の女子学生比率（学部）は19・１％で、前年度比０・４ポイント上昇した。だが目標とする30％は遠い。創立１００周年を迎える27年の達成を目指し、女性教員の増加や女子中学・高校との連携強化などにも注力する。

女子の大学進学率は年々上がっているのに工学部の志望者が少ないことは日本の大学に共

工学系（STEM分野）の高等教育機関の入学者に占める女性の割合

工学・製造・建築（%）

1	アイスランド	39
2	ポーランド	36
3	ギリシャ	33
4	イスラエル	32
5	チェコ	32
	⋮	
32	ドイツ	21
33	韓国	21
34	スイス	19
35	チリ	18
36	日本	16
OECD加盟国平均		26

自然科学・数学・統計学（%）

1	スロバキア	65
2	ポーランド	63
3	チェコ	60
4	リトアニア	60
5	アイスランド	59
	⋮	
32	スイス	46
33	フランス	45
34	イスラエル	43
35	ベルギー	40
36	日本	27
加盟国平均		52

（注）左端は順位、上位と下位各5カ国を掲載、2019年時点。
経済協力開発機構（OECD）「図表で見る教育2021」による

通の悩みだ。

いわゆるSTEM（科学・技術・工学・数学）分野の高等教育機関の入学者に占める女性の割合を調べた経済協力開発機構（OECD）の19年調査では「工学・製造・建築」分野の女性割合は加盟国平均で26％。日本は16％で比較可能な36カ国の中で最下位だ。「自然科学・数学・統計学」分野でも日本は27％（加盟国平均は52％）で最低となっている。

政府の総合科学技術・イノベーション会議の資料によると、OECDの学習到達度調査で高い理数系の能力を示した高校1年生の割合は男女とも4割弱で、大きな差はない。

しかし、進路選択で理系を選択するのは、男子27％に対し女子16％とバランスが崩れる。なぜ、偏りが生じるのか。女子が理系に進まないのはなぜか。大学も企業も人材のダイバーシティー（多様性）が必要になる中で、女子の理系離れの是正が待ったなしの課題になってきた。

工学部卒の女性は産業界から引く手あまた

22年2月中旬、昭和女子大付属昭和中学・高校（東京・世田谷）を東京大の染谷隆夫工学部長らが訪れ、教員や生徒と懇談した。「工学部」に対するイメージや高校の進路指導の状況を聞き取り、10％にとどまっている東大工学部の女子学生比率の大幅上昇に向けたヒントを得るのが狙いだ。

染谷氏は「人々が困っていることを技術で解決するのが工学。色々な立場の人のための問題解決には、男性だけでなく女性からのアイデアが必要です」と語りかけた。

埼玉県の県立高校長などを務めた同校の真下峯子校長は「教育界には女子に無理をさせな

い、数学や理科は難しいから女子は文系でよい、という文化があった」と指摘する。保護者も「工学部などは卒業後にきつい現場で働く」と考え、理系科目が得意な女子は医師、薬剤師、看護師といった仕事内容や働き方が想像しやすい分野に進みがちだった。

そうした分野は現に働いている女性も多く、ロールモデルが豊富だ。女子は出産、育児といったライフイベントがあることから、男子に比べ将来のキャリアを慎重に考え、設計する傾向もある。

これに対し、工学部の就職先は多様で、進学した後の将来像が見えにくい。加えて高校教員に工学部の出身者が少ないことも、女子生徒の理系離れの要因に挙げられることが多い。

だが時代は変わり、いまや工学部卒の女性は産業界から引く手あまただ。ユーザーの要望にきめ細かく応える少量多品種型の製品開発が求められるようになり、女性の発想が不可欠になった。制御工学、情報工学など新し

女子生徒の工学部進学を増やすヒントを得ようと
東大の染谷工学部長は
高校の教員・生徒らと話し合った

い研究分野も増えた。「残念なことに高校の教員はそういうことをほとんど知らない」（真下校長）

進路指導に携わる高校の教員は、生徒が将来就く職業と大学での学びについて、もっと関心を持つべきだ。一方で、学校が多忙化し時間の余裕が乏しいことも事実。大学や産業界は中学生、高校生への発信に力を入れる必要がある。本気で理系の進学者を増やしたいのなら、小学生にアプローチすることも考えてよい。

東大卒の女性は婚活に不利？

女子生徒には大学選びでも壁がある。東大生のうち女子は21年度で19・7％。東大は多様性あるキャンパスの実現を目指し、この割合を3割に高めようと女子学生の支援策を打ち出してきた。女子のための奨学金を複数用意し、17年度からは自宅から通えない女子学生のための住宅費補助も始めた。

だが、社会には自宅外通学・浪人のしにくさや「東大卒の女子は婚活に不利」という俗論など、女子の挑戦意欲を冷ます土壌がいまだ強く残る。

「学生の5割弱は女性なのに、大学の経営トップ層は男性ばかり」と訴えるのは津田塾大の高橋裕子学長だ。同学長らでつくる「女性学長研究会」の調査によると、日本の学長に占める女性の割合は上昇傾向にあるものの20年で13%。英米独3カ国の20~30%を大きく下回る。

アイビーリーグと呼ばれる米国の名門大の中では1990年代以降、ペンシルベニア、ブラウン、プリンストン、ハーバードの各大学などで相次いで女性学長が誕生した。高橋学長は日本について「女性の経営人材を育成していない」と批判する。

米マサチューセッツ工科大もかつては女性教員が少なく、90年代から本格的な改革に取り組んだ。女性教員に対して不利な扱いがあったことを認め、女性教員の地位向上や登用の促進、働きやすい環境づくりなどに組織的に取り組んだ。結果、2004年に初の女性学長が誕生。学部の女子学生の割合は21年秋で48%に達する。

米国の大学が奨学金や入試での配慮を通じて女性や白人以外の若者を積極的に受け入れるのは、高度な学びや革新的な研究成果の創出には人の多様性が欠かせないと考えるからだ。

日本はその認識が薄く、教育の質やイノベーションを生む力を落としてきた。工学部の女子学生比率や女性学長の問題はその象徴といえる。

理工学部の学校推薦に「女子枠」

大学は大胆に動き始めた。東京工業大は22年、24年度入学生の入試から総合型選抜と学校推薦型選抜に「女子枠」を設けると発表した。物質理工学院（学部に相当）など4学院でスタートし、25年度入学者の入試から理学院と工学院も導入して全6学院で計１４３人を受け入れる。女性は男女を問わない「一般枠」と女子枠の併願が可能で、これらの措置により学部段階の女性比率は約13％から20％以上への向上を見込む。

名古屋大工学部も23年度入学生の入試から、女性が少ない2学科の学校推薦型選抜で女子枠を設けた。ダイバーシティーを担当する束村博子副学長は「まずは女子の応募者を増やす必要がある。工学系に目を向けてほしいというポジティブなメッセージと捉えてほしい」と話す。

10年3月、九州大学は12年の入試から理学部数学科に5人の「女性枠」を設けると発表した。グローバル化に対応し、多様な学生の確保に向けて踏み出した一歩だった。

ところが大学側の意に反して「不公平」「逆差別だ」と批判が殺到。11年5月、有川節夫学長（当時）は「断念するしかない」と、やむなく撤回を決断した。

九大の挫折から10年余り。教育のみならず様々な分野で日本の男女格差解消の遅れが鮮明になり、積極的な是正策に乗り出す環境がようやく整った。もうこれ以上、時間の空費は許されない。

日本の停滞と閉塞感の根底には人の能力が十分に発揮されていないことがある。教育を一新し、知を磨き行き渡らせることで国の将来をひらく。人材立国に再び挑戦する時がきている。

私はこう見る

博士活躍へ産学変われ

渡辺光一郎●中央教育審議会会長

日本の近代化と経済成長を支えた「人材立国」のモデルが揺らいでいる。教育の機能不全を招いた岩盤を砕くには何が必要か、有識者にインタビューした。中央教育審議会会長を務める渡辺光一郎・第一生命ホールディングス会長が指摘したのは、高度人材育成の期待が高まる大学院の課題だ。

――平成の30年間に企業の競争力と大学の研究力が同時に落ちました。

「ものづくり・大量生産型の社会が情報化・グローバル化した社会へと変わる段階で産学がともに出遅れたのが大きい。同じ時期、米国は大学発を含むスタートアップの育成に大投資した」

「これからは知識集約型のソサエティー5・0（超スマート社会）だ。イノベーションと価値創造が行方を左右する。産学連携と合わせて大学院を強化する必要がある」

「博士課程進学率の低下が止まらず、主要国で博士号取得者が減少しているのは日本だけだ。政府の強化策が出始めたのはよいが、国際的にはまだまだ劣後している」

――大学院教育に求められるものは。

「専門的知識というプロの軸と、幅広い横断的知識を併せ持つT字型の人材を育ててほしい。リカレント教育（社会人の学び直し）も弱い。工学や理学分野のプログラムは意外に少ないし、社会実装につながる広がり、企業が望む先端性も乏しい。企業と大学の間で教育内容を詰めていく必要がある」

――日本は企業も博士人材を評価・活用してきませんでした。

「学歴を問わない実力主義が会社を活性化するという考え方が非常に強かった。大量生産の時代は、自社に親和的な人材を社内教育で育てる制度が日本の強みでもあった。それゆえ企業は修士、博士をあまり採らず、給与も学部卒と明確な差をつけなかった」

――もっと企業やその経営層に博士人材が入っていくべきでは。

「理系の博士課程修了者の就職先を見ると日本は4割弱が企業。米国は6割が企業に就職する。経営者も米国は7割が院卒だが日本は15%だ。自社がグローバル展開して初めて、その差に気づく。私たちの世代までは経営者が学部卒でも何とか堪えられたが、これからは違う」

「従来の日本企業はゼネラリストが基本で、ごく一部にプロフェッショナルがいる形だった。今後はT字型人材のプロがぶつかり合いながらイノベーションを起こし、その中からリーダー層が育っていくような形になるのではないか」

――大学院教育への評価を高めるには。

「全体構造を変える。産学がともに変わるべきだ。企業の採用制度も複線化・多様化が進み始めている。リカレント教育を通じた学びと仕事の好循環をつくり、人材の流動性を高めるべきだ」

わたなべ・こういちろう
１９７６年東北大経卒。２０１０年第一生命保険社長、16年第一生命ホールディングス社長、17年会長。同年、中央教育審議会委員となり19年に会長就任。

親の所得で学力差、対策を

耳塚寛明●青山学院大特任教授

出身家庭の経済力や文化的環境によって学力差が生まれ、難関大への進学状況にも差が出る構図が鮮明になっている。学力格差の研究をしてきた青山学院大の耳塚寛明特任教授に原因を聞いた。

――子どもの学力差が生じる原因は何でしょうか。

「学力に影響を及ぼす最大の要因は学習時間でも指導方法でもなく、親の所得や学歴などの水準ということがデータの分析で分かってきた。この水準を示すのがＳＥＳ（社会経済的地位）と呼ぶ指標で、文部科学省の全国学力・学習状況調査（全国学力テスト）ではＳＥＳが低い家庭の子どもほど学力が低い傾向がみられる」

――具体的にはどのようなことが分かりますか。

「ＳＥＳと小学６年の学校外での学習時間、全国学力テストの正答率の関係が典型的だ。最もＳＥＳが低いグループが１日に３時間以上勉強した場合でも、全国学力テストの平均正答率は、最も高いグループが全く勉強しない場合よりも低かった。勉強時間の長短だけでは家庭のＳＥＳによる差を覆すのは難しいことを示している」

「勉強の仕方という問題もあるが、幼少期からの幅広い体験の差が影響しているのだろう。都心の貧困世帯では自然体験も少なく、文化的体験も制約がある。学力が出身家庭によって制約を受けるのは大きな問題であり、見直す必要がある」

――学校は学力差の解消に役立っていないのでしょうか。

「学校は『偉大なる平等化装置』という考え方がある。学校に通うことで生まれにかかわらず高い地位を得られるというものだ。身分制の下では一部の人の能力しか活用できなかったが、より多くの人々の力を社会の発展に生かせるようになった」

「学歴によって地位が決まることは本来、望ましいことだ。学歴くらいしか努力によって獲得できそうなものがないからだ。しかし現在は出身家庭による不平等が大きく、それが問題になっている。低所得世帯の子は進学が困難になり、地位上昇の機会が奪われる悪循環になる」

――人材育成の面ではどんな影響がありますか。

「難関校に一部の限定的な階層の子が集まるだけでは、子どもが異質なものに触れ合う機会がなくなる。学校は社会の縮図といわれてきたように、色々な人が学校に集まり、多様な価値観にもまれる体験ができる方が人間形成によいことは明らかだ」

――学校や行政はどう対応すべきでしょうか。

「抜本的な改革が難しくても、少しずつ改善策をとっていく必要がある。困窮家庭への経済的援助や、塾に通えない子どもに対する学校での補習の拡充など、格差の是正に向けた支援を強化すべきだ」

みみづか・ひろあき
１９５３年生まれ。東大院修了。お茶の水女子大教授を経て２０１９年から現職。学力格差を研究し、文部科学省の専門家会議の座長なども務める。

工学部を女子の選択肢に

真下峯子● 昭和女子大付属昭和中高校長

昭和女子大付属昭和中学校・高等学校の真下峯子校長は、埼玉県立高校の教員時代から女子の理系教育に力を入れてきた。工学部の女子比率を高めるには高校教員の意識改革が必要と語る。

――工学部に進む女子が少なく大学関係者が苦慮しています。

「学校には女子にあまり無理させない、大変なことはやらせないという雰囲気がある。教職員も管理職も保護者も『理系が苦手ならそれでいいよ、できるところだけやりなさい』という意識だ。そうしたことが小学生の頃から積み重なって理系科目に苦手意識を持つようになり、どんどん女子の進路選択の幅が狭くなってしまう構造だ」

――工学部や理系に対する女子生徒のイメージは。

「埼玉県の教員時代、先進的な理数系教育を推進するスーパーサイエンスハイスクール（ＳＳＨ）の全国大会に参加したことがある。他校の女子生徒たちの雑談を聞いていたら『理系では就職できないから行かない』と話していた。ＳＳＨで学ぶ生徒でさえその程度の認識だ」

「理系が得意な女子は医師や薬剤師、看護師など資格系には目が向いても、工学部には関心がない。建設・土木現場や工場で働くという昔ながらのイメージしか持っていないからだ」

「工学部の学びは社会のあらゆる場面に関わっている。機械の制御や食品工学、アプリケーションソフト開発など女子が能力を発揮して活躍できる分野は多い。大学も工学部への女子受け入れに熱心だし、工学部卒の女子学生は就職市場で引く手あまた。それでも生徒の意識は変わらない」

――なぜなのでしょう。

「時代の変化や大学の取り組みが高校の教員に伝わっていないからだ。生産年齢人口の減少で、女子が労働市場で活躍できるチャンスは広がっているのに、そういう問題意識もない。生徒の進路選択を支援する教員の意識改革が必要だ」

「教員はキャリア教育やインターンシップ、職業体験などと口にするが、実は何も知らない。それを知るようにするのが管理職の仕事だ。私は教員に対し、どんどん学校の外に出て行って、大学の先生や企業人と話をするように言っている。教員はもっと外の世界を知るべきだ。生徒に対するキャリア教育のようなことを学校の仕組みとして教員対象に進めていくことが必要だと思う」

――女子の理系教育に力を入れるのはなぜですか。

「単に女子が工学部に行けばいいというつもりはない。女子がはなから自分には工学部という選択肢はないと考えてしまう状況を変えたい。選択肢から外さないのが大事。それだと無自覚的に自分の可能性を閉じることになる」

ましも・みねこ
１９５２年生まれ。奈良女子大理卒。埼玉県の公立中学・県立高校で生物教諭、県立高校長などを経て、２０１４年に大妻嵐山中学・高校長。20年から現職。

（２０２２年５月新聞掲載）

第3章
二極化する「入試」、形骸化する「偏差値」

1　一般入試じゃない入学生が半数に

入学者の囲い込みに動く私立大学

明治大は２０２６年、明大中野八王子中高（１９８４年設立）以来、42年ぶりとなる系列校を設ける。系列校となるのは中高一貫の男子校「日本学園」（東京・世田谷）だ。

かつて吉田茂元首相や作家の永井荷風、評論家の長谷川如是閑らを各界に送り出した伝統校で、最近でも俳優の斎藤工さんらの著名人を卒業生に持つ。しかし、少子化や男女共学校と比べて男子校の人気が相対的に下がる中で徐々に志願者が減り、近年は中学の入学者が募集定員を下回っていた。

明大と日本学園が系列校化の協定を結んだのは21年12月。協定の内容や両校関係者への取材によると、26年には日本学園が男女共学の明大系列校「明大世田谷中高」となり、23年４月入学の中学１年生が高校を出る29年には卒業生の７割が明大に推薦で入れる体制を目指す。

私立中学受験を目指す親子の反応は日本学園の想定以上に大きかった。22年夏に開いたオープンキャンパスは例年よりも定員を増やしたにもかかわらず、10分足らずでインターネットの申し込みが埋まってしまったという。

明治大学の系列校となる日本学園の説明会には雨の中多くの親子が集まった（東京）

江東区に住む女性（47）は息子（11）を連れて雨の中、週末の学校説明会に参加した。「7割が明治に入れるというインパクトは大きい。親としては安心感、お得感がある。自宅からは少し遠くなるけれど、息子とよく話して志望校の上位にリストアップしたい」と満足そうに話した。千葉県から説明会に訪れる親子もいるという。

日本学園の最寄り駅は京王線の明大前駅。明大の和泉キャンパスと近く、大学教員の出張講義やキャンパス見学を続けてきた関係が系列校化につながった。日本学園の水野重均校長は「明治大は日本学園が大事にしてきた校風を重視してくれた。１４０年の歴史がある学校が変わるわけではない」と説明する。保護者からの反響の大きさについては「これからの時代、大学とつながっていない中高は厳しくなる。いいタイミングだった」と手応えを語る。

私立大の中でも受験生からの人気が高い明大は、従来型の一般選抜（一般入試）の志願者が10万人を超える。定員全体の7割を一般入試が占めるが、危機感は強い。明大の渡辺友亮副学長は「一般入試の比率が高いことは受験生からの高い評価でもある。ただ、長期的に安定して優秀な学生に入学してもらわなければならない。10年後に受験生が激減してから系列校化に動くのでは遅い」と話す。

大学が付属・系列校や指定校からの推薦などで入学者を年内に「囲い込む」動きが止まらない。その分、入学定員に占める一般入試の比率は減る。

教育情報サービスの大学通信によると、22年春の一般入試の比率は早稲田大が56％で02年春と比べて16ポイント低下した。慶応大も57％で同7ポイント下がった。

付属校を新たに設けたり、系列校化したりする動きは他大学でも進む。中央大は横浜山手女子中高を傘下に入れて中央大付属横浜中高とし、青山学院大は横浜英和女学院や浦和ルー

推薦型と総合型の合計は50%を超えた

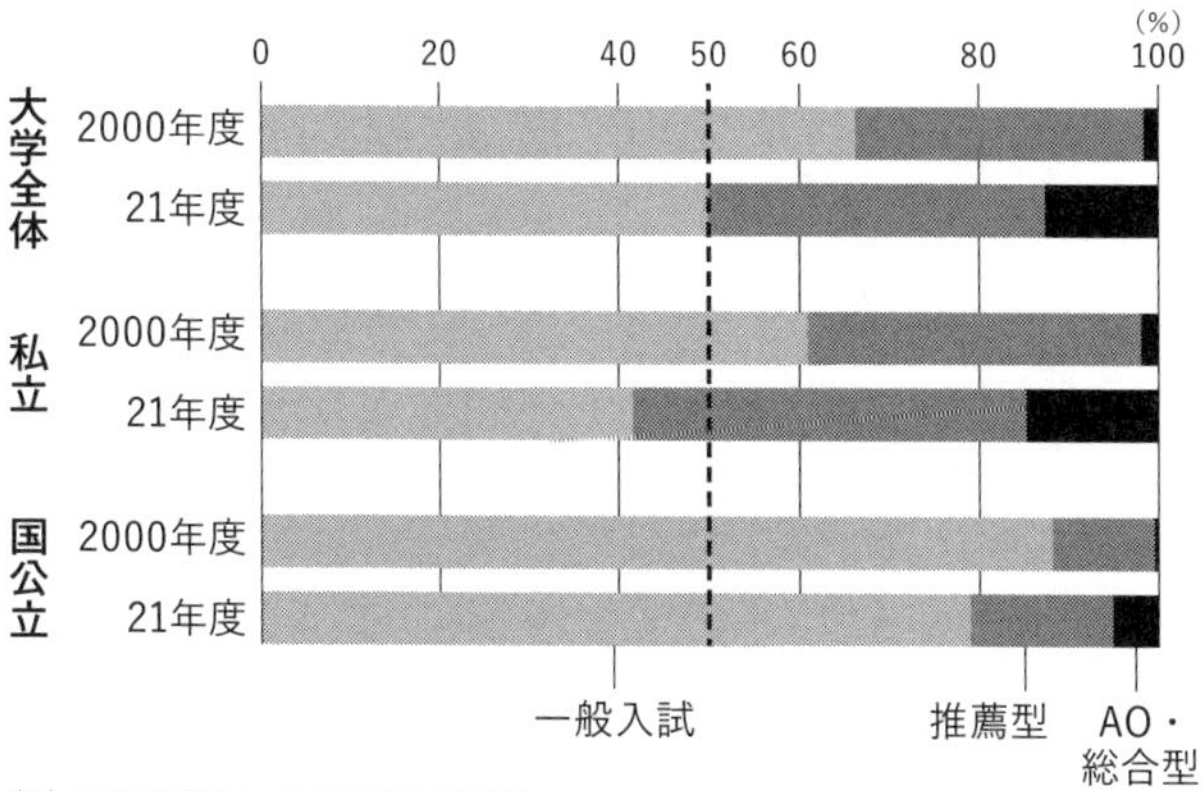

（注）文部科学省調べ。社会人選抜などは除く

テル学院を系属校とした。西日本では関西大が別の学校法人が経営していた北陽高校を併設校とし、その後に中高一貫化した。

総合型選抜（旧ＡＯ入試）の増加も年内の囲い込みを加速させている。面接や書類審査などを組み合わせて人物重視で選考する方法だ。

文部科学省がまとめる「国公私立大学入学者選抜実施状況」によると、21年度の全国の大学入学者約61万5000人のうち、総合型は約7万7000人（12・7％）、推薦は約23万1000人（37・6％）となり、合わせて50・3％だった。2000年はＡＯと推薦による入学者が33・１%だったが、初めて半数を超えた。私大は20ポイント増の約６割だ。

一発勝負の一般入試よりも早め合格の「年内入試」

新年を待たずに合格が決まる「年内入試」。高校側もそこに活路を見いだそうとしている。横浜市の人気エリア、中区山手町にある横浜女学院中高は高３約１００人に対し、大学の指定校推薦の枠を４００人分以上そろえる。いわゆる「ＭＡＲＣＨ」（明治、青山学院、立教、中央、法政の各大学）レベル以上で30人分ほどの枠があるという。

銀行出身で07年から校長となった井手雅彦副学院長が私大への「トップセールス」を重ね、中堅大以上の大学だけで10年間で5倍に枠を増やした。

井手氏が校長に就任した頃、ある名門私大の指定校推薦の受け入れ枠が急減したことがあった。それに驚いた保護者数人が問い合わせのために来校したという。井手氏は保護者の「指定校推薦志向」の強さを実感し、高大連携プログラムの充実に加えて指定校推薦枠の拡大に努めてきた。「保護者らのニーズに応え、指定校推薦を増やすことが生徒募集の強みになる」と語る。

受験生も一発勝負の一般入試よりも、早めに合格できる年内入試を選ぶ。一般入試で複数校を受ければ各大学に払う受験料が膨らみがちだが、推薦1校で決まればトータルの受験費用は安く済む。入学手続き時期の兼ね合いで複数の大学に入学金を納めるような展開も避けられる。

リクルート進学総研が22年春、高校卒業見込みの男女約1万1000人を対象に郵送やインターネットで実施した調査によると、第1志望の大学に進学できた受験生は68・3％で、前回の19年調査（53・5％）と比べて14・8ポイントの大幅増となった。総合型選抜と推薦に限ると、第1志望に進学した比率は86・6％に上った。

この調査では実際に進学した大学のオープンキャンパスに参加していた比率が71・2％となり、19年調査（66・9％）よりも4・3ポイント高くなっていた。「年内入試」で合格する層が増えたことで受験時期が早まり、オープンキャンパスなどを通じて志望校を早期に絞り込む動きも進んでいるという。

年内入試が主流になり、受験校の絞り込みが早くなれば複数校を受験する高校生は減少する。一般入試の難易度を示す偏差値を軸として「本命」「併願」「滑り止め」といった複数校を受ける従来のシナリオは多数派でなくなり、偏差値が意味を失う。リクルート進学総研の小林浩所長は「大学選びの軸が偏差値しかない時代ではなくなった」と時代の変化を強調する。

日本の大学は「入るのも出るのも易しい」

明治維新後や敗戦後の「欧米に追いつけ追い越せ」だった時代は、必ずある正解に早く到達できる能力を競わせる一般入試が有効だった。だが日本社会が成熟し、欧米のお手本に頼れない時代には、正解があるかどうかも分からない問題に取り組む力が重要になる。暗記や正答パターンの詰め込みに陥りがちな受験勉強を脱し、思考力や学ぶことへの意欲、問題を解決する力などを多面的に評価する入試への転換が求められるようになった。

総合型が定着したことによって「一点刻み」のペーパーテスト偏重だった状況は改善されつつあるものの、新たな課題も浮上している。首都圏のある有力私大幹部は「総合型選抜の導入当初は大学側も手間暇をかけて丁寧な選考を頑張っていた。ただ、総合型の受験生の数が増えるにつれて丁寧な選考ができなくなり、一般入試組の学生と比べて明らかに基礎学力が足りない学生が増えた」と訴える。

「学ぶ意欲を重視した総合型選抜の学生の方が入学後に伸びる」（国立大学長）との評価もあるが、必要な学力を身につけられていないとの懸念はＡＯから総合型に衣替えをした後も絶えない。

問われるのは入学後の大学の教育だ。文科省が世界各国の大学入学者選抜の仕組みを比較した資料によると、大学の学士課程を標準年数で卒業する比率は17年時点で米国が38％、フランスが41％、英国が72％、ドイツが80％だった。それに対し「卒業が簡単」と皮肉られることが多い日本は93％と高い。これまでは厳しい一般入試の競争を理由に「卒業しやすい代わりに、入学時の選抜は厳しい」という反論もできたが、今では「入るのも出るのも易しい」状況が広がってしまっている。

18歳人口は急減する。２０１０年代は約１２０万人前後で推移してきたが、２０４０年には80万人を割り込むとみられ、少子化のスピードはこれまでの想定を超えて進行している。

進学率が変わらなければ大学入学者の減少は避けられない。それでも大学の定員は増え続けてきた。「年内入試」シフトの動きと相まって、日本の大学はますます入りやすくなる可能性が高い。文科省幹部は「大学が卒業生の質を確保できるよう出口管理を厳格にする制度設計を練らないといけない」との考えを口にするが、具体的な動きは乏しい。

米ハーバード大でも教壇に立った柳沢幸雄・東京大名誉教授（元開成高校長）は「一点刻みの選抜が権威を持つ時代の終わりは歓迎すべきだ」とする一方で、現状への危機感を示す。「社会や企業は求める人材像を明確に示し、大学は厳しい出口管理で学生を鍛えなければ日本の成長はない」。目指すべき道は明らかだ。

Column

年内入試

大学入試の総合型選抜（旧ＡＯ）と学校推薦型選抜を指す。従来型で筆記試験中心の一般選抜（一般入試）が1～3月にあるのに対し、9～12月に実施・合否が出ることが多い。２０２1年度の大学入学者約61万５０００人のうち、総合型は約７万７０００人（12・7％）、推薦は約23万１０００人（37・6％）となり、合計で初めて半数を超えた。

大学入学者選抜は3種類に分かれる

	主な 合否判定方法	主な 実施時期	入学者数 （2021年度）
一般	筆記試験	1～3月	30万4000人
総合型	志望理由書や 面接	9～12月	7万7000人
学校推薦型	高校作成の 調査書	11～12月	23万1000人

（出所）文部科学省など

総合型は９月に出願が始まり、面接や書類審査を中心に人物重視で評価する。アドミッション・オフィス（ＡＯ）入試として１９９０年代以降に広がったが、合格者の学力不足が問題になった。文部科学省は２０２１年春入学者向けから「総合型選抜」に改称し、小論文やプレゼンテーション、検定試験の結果などで学力を評価するとした。

学校推薦型選抜は11月から出願が始まる。学業や部活動での成績などが大学の示した条件を満たせば誰でも出願できる公募制と、大学が定めた高校の生徒のみ出願できる指定校制に分かれる。いずれも出身高校の校長からの推薦を必要とする点が総合型との主な違いとなる。

2　最難関大学はより難関に

「東大京大に余裕を持って合格する」が目標の進学塾

「合格おめでとう　次は東大!!」。開成や桜蔭、筑波大付属駒場といった最難関の中学に合格直後の小学6年生に、こんな呼びかけをする進学塾がある。東京大の受験指導で定評がある「鉄緑会」（東京）だ。

中学受験が終わった途端に始まる大学受験の勉強。鉄緑会は中学1年から高校3年まで6年一貫のカリキュラムが指導の柱だ。数学なら大学受験の範囲の大半を中3までに学び終え、6年間で高校の範囲を4周するという。2022年度は大阪校との合計で東大合格者の2割弱、518人を同会出身者が占めた。

冨田賢太郎会長は「東大・京大などに余裕を持って合格するのが目標」と強調する。冨田会長によると、東大や京都大、国立大医学部の入試問題はかつてと比べてかなり難しくなっている。以前は東大の中でも最難関とされる理科Ⅲ類も得意科目があれば突破できたが、今は全科目でバランスよく得点することが求められるという。

「入試がこれだけ難しくなったのは、私たちが得点力を引き上げていることの影響もあるかもしれない」。冨田会長は自負を込めて語る。

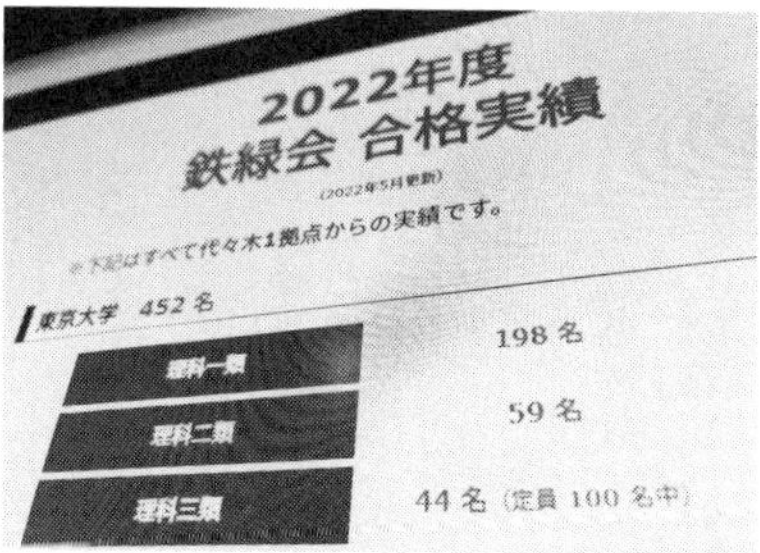

東京大の受験指導で定評がある進学塾「鉄緑会」のウェブサイトに掲載された合格実績

最難関大入試では、中高一貫校がより有利に

一般選抜の比率が下がって総合型や学校推薦型の比率が高まったことで多くの大学で偏差値は意味を失った。一方、最難関大への競争は激しさを増している。行き過ぎた競争は受験準備を前倒しで始めた子が有利になり、周囲より遅れて能力を発揮する大器晩成型が不利になる構図を生みかねない。

進学実績を伸ばしたい高校側の思惑がそれに拍車をかける。一貫教育を徹底するため成城や豊島岡女子、本郷といった東京都内の有力私立中高は19年度以降、次々に高校からの募集を停止。東京や千葉の公立一貫校でも同様の動きが進む。

波は地方にも押し寄せる。茨城県では20年度以降、水戸第一高や土浦第一高のトップ級を含む10校が中高一貫に転換した。県内の大手塾では直近3年で一貫校向けコースの塾生が1・5倍に膨れ上がった。群馬など他の県でも公立進学校や私立の中高一貫化の動きが目立っている。

こうした状況を危惧する声は絶えない。

その一人、小林さやかさん（34）は「受験は逆転の大チャンスであるべきだ」と受験競争の早期化を心配する。小林さんは高校2年の夏に奮起し1日15時間の猛勉強を続けて慶応大に現役合格したが、高校での成績は「ビリだった」。逆転のストーリーが映画「ビリギャル」などのモデルになった。

講演で「ビリギャル」の実体験を聞いた中高生が「自分も早稲田大や慶応大に行きたい」と思い立っても周囲の大人が「あなたは地頭が悪いから無理」などと言って意気込みをくじくことがあるという。「小さい頃から塾に行かないとダメ、という風潮が助長されていると痛感する。ブレーキをかけるだけで、エンジンをかけてあげる大人が少ない」。小林さんは訴える。

日本型受験エリートは海外で通用するか

日本のエリート選抜は筆記中心の画一的な試験が中心だった。学習指導要領をもとに全国どこの学校でも同じ範囲、内容を学んでいるとの前提に立ち、ペーパーテストこそが公平な選抜であるとみられてきた。結果的に、塾に通って効率よくミスなく入試問題を解く力をつけることが学歴社会で有利になる近道となってきた。

しかし社会のデジタル化やグローバル化が急速に進む21世紀は、柔軟な発想で新たなイノベーションを生み出せる「知」の力が国力を左右する時代になっている。

幼少期から塾に通い、ひたすら解答スキルを磨き上げた受験エリートで今後も通用するのか――。懸念する声は教育界にも産業界にもあるが、難関大学の入試に抜本的な変化は乏しい。競争の渦中にいる受験生の意識も大きくは変わらない。

そんな日本にも変化の兆しはある。国内のしがらみを超越し、時代のニーズにも敏感な海外大学に、国内の高校から直接進学する生徒が目立ってきたことだ。

渋谷教育学園渋谷中高（東京）は毎年、1学年約200人のうち15人ほどが海外大学を受験する。もともとは帰国子女の生徒が志願者の中心だったが、最近は海外在住や留学の経験が全くない生徒の志願者が増えている。

22年春の卒業生は7人がエール大やミネルバ大といった欧米の難関大に進んだ。22年4月に就任した高際伊都子校長によると、海外大学に進学した卒業生が帰国して学校に遊びに来ることも多く、在校生としても海外が特別な進路という感覚が薄いのだという。

米国の大学の選抜では高校の成績評価に加えて対外的な活動の実績やエッセー、推薦状など様々な項目の総合的な評価をするケースが多い。日本の大学入試とはかなり趣が異なる。合格するには特別な準備が必要になるため、渋谷中高では専門の教員を置いて生徒の準備を支えている。

海外進学を選ぶ高校生たちの動機は、米国の優れた宇宙工学やコンピューターサイエンスを学びたいという専門志向や、経済学と物理学をどちらも専攻するような「ダブルメジャー」、演劇や芸術を学問として深めるような大学の特色など多岐にわたる。

どちらの偏差値が高いか、より入学が難しい大学はどこかという物差しではない。「本人が何を学びたいのか、どこの大学が自分に合っているのかを最優先する生徒が多い」と高際校長はみる。海外大も日本の難関大も同じ選択肢の一つと捉える傾向の強まりを年々感じている。

明治維新や戦後改革など日本の教育、日本社会の転換点には常に外圧の存在があった。弊害が指摘されながらも変わらない難関大の入試を変えるのも、外圧なのかもしれない。

3　塾に依存する学校　授業の「出前」も

面接、小論文……推薦や総合型選抜の攻略法教える塾

総合型選抜（旧ＡＯ入試）や学校推薦型選抜は高校生の意欲・個性や高校での学習・活動

の成果を書類や面接、小論文などを駆使して丁寧に見極める入試だ。本来無縁なはずの「対策」が、受験する生徒の間で広がっている。

総合型と推薦型が拡大する中、志望理由書の書き方講座などを提供する塾・予備校が急増した。例えば、首都圏のある大手塾が高３生向けに設けている対策コースはガイダンスから始まり、自身の将来ビジョンと志望する学部・学科の研究、志望理由書の書き方・推敲《すいこう》、面接対策と進み、出願が本格化する9月に終了する。オプションで小論文講座もある。系統的に総合型選抜の「攻略」を進められる。

受験生へのアピールにも余念がない。「定員１００人の早稲田大国際教養学部ＡＯで61人合格」「東京大の学校推薦合格者86人中33人」などと、ネット上で２０２２年春の合格実績をアピールした塾もある。学力重視の一般入試で苦労しなくても有名大への切符を手にできる、ということを強調している印象もある。

「慶応を筆頭に有力大に絞って対策を提供している。国立大も総合型が増えてきた。旧帝大クラスだと対策をした方が合格可能性は広がりやすい」。別の大手塾の担当者は、こう話す。この塾では面接でアピールする「経験づくり」の相談にものる。例えば志望大学の先生の講演を聞く、ボランティア活動をする、ＳＤＧｓ（国連の持続可能な開発目標）について学ぶプログラムに参加するなどだ。

総合型選抜の面接では、どんなことに興味・関心があるかや受験動機を聞かれることが多い。「興味・関心を私たちが与えることはできない。与えられるのはそれを形にする力。志望理由書や面接での表現の仕方を教える。指導を受けると、見違えますよ」。担当者は自信たっぷりだ。

ポスト偏差値時代も「ダブルスクール社会」

１９９７年に中央教育審議会が出した答申「21世紀を展望した我が国の教育の在り方について」（第2次答申）は、それまでの入試をこう批判した。「効率よく暗記や詰め込みを行うことで得られた内容がもっぱらペーパーテストによって評価され、こうしたことに長じた者が結果的に有利となり、高校以下の教育を受験準備教育に偏らせてしまう」

そうした反省から推進をうたったのがＡＯや推薦入試だ。答申は参考例として、専門の職員でつくるアドミッション・オフィスが高校の成績や文化・スポーツ、ボランティア活動の実績などの情報を集め、多面的な選抜をしている米国の大学の取り組みを挙げた。

それから20年余り。ＡＯの後継となった総合型選抜でも答申が否定した「受験準備」が横行するようになり、当初の理念はかすんだ。その背後には受験産業の存在がある。

入試制度が変わっても巧みに適応し、商品として対策を編み出す塾・予備校。受験を突破するため、多くの子どもが学校と並行して塾に通う「ダブルスクール社会」はポスト偏差値の時代を迎えても変わらない。

２０１８年度の文部科学省「子供の学習費調査」で受験学年の子どもの通塾状況を見てみよう。学習塾代の支出がある家庭の割合は公立校の小６がいる家庭で51・６％、中３で79・８％、高３で42・１％。１年の支出額の平均はそれぞれ18万７０００円、39万３０００円、35万８０００円だ。

小６や高３と違い、中３はほぼ全員が受験を経験する。だとしても８割が塾に通っている実態には驚く。違和感を覚えない人もいるかもしれないが、それだけダブルスクール社会は当たり前のものになっているということだ。

なお、10年前の08年度調査と比べると、塾代の支出がある家庭の割合は小６で５・６ポイ

家庭の支出で見た通塾の状況

		2008年度	18年度
小6	支出率（%）	57.2	51.6
	平均支出額（万円、年）	19.2	18.7
中3	支出率	83.4	79.8
	平均支出額	33.8	39.3
高3	支出率	38.9	42.1
	平均支出額	27.0	35.8

（注）文部科学省「子供の学習費調査」。支出率は学習塾代などの支出がある家庭の割合

ント、中3で3・6ポイント低下し、高校は3・2ポイント上昇している。大学進学率が上がり、総合型選抜などの門戸も拡大したことで、大学受験に臨む生徒が増えたことの影響かもしれない。

進学校でも増える「校内予備校」

「助動詞はぶっちゃけ暗記事項。覚えて攻めれば、すぐ終わります」。7月の土曜日、東京都立松原高校（世田谷区）の教室で、城南進学研究社（川崎市）のベテラン男性講師が教えていた。三十数人の1年生が聞き入る。同校が22年度、同社に委託して始めた「受験英語講習」だ。

各学年の希望者を対象に5月から12月まで、計15回の授業を用意。授業料は年2万円で別に教材費が1500円かかる。佐藤和彦校長は塾との連携について「（指導は）本

来は学校で負うべきだが、教員の業務が多忙なので外部の協力を得ている。学力保障、教員の研修に役立ち学校のＰＲにもなる。教員の働き方改革が求められる中で一つのやり方だ」と話す。

松原高の取り組みには前史がある。都教育庁が19～21年度に実施した「進学アシスト校」事業だ。

進路多様校（進学、就職など様々な進路希望を持つ生徒がいる学校）の生徒の学習意欲や進学実績の向上を狙い、松原高と福生高の2校を選び予備校講師らによる受験講座を開いた。

ベテランの塾講師が都立松原高校の生徒に入試英語を教えた（東京都世田谷区）

新型コロナウイルス禍によるオンライン授業への移行もあり、計画通りの実施はできなかったがＧＭＡＲＣＨ（学習院、明治、青山学院、立教、中央、法政の各大学）、日東駒専（日本大、東洋大、駒沢大、専修大）への合格実績が上がるなどの成果が出た。

松原高では講座があることを理由に入学する生徒も増えた。そこで、事業終了後も学校独自に講座を続けることにしたのだという。「今までは指定校推薦で行ける大学に進む生徒が多かったが、講座を始めてから一般入試でも行ける、という空気が出てきたのではないか」と土崎祐一郎副校長。

こうした「校内予備校」は公立私立を問わず増えている。個別指導塾大手のリソー教育は10年から事業として始め、現在は子会社の「スクールＴＯＭＡＳ」が中学・高校など82校に講師らを派遣。さらに25校が導入を予定している。

同社によると、以前の派遣先は中堅校が多かったが、最近では東大合格者を輩出する進学校を含む上位校の導入例も出始めている。少子化で入試のハードルが下がり、高校生の学力のばらつきが大きくなった。下位層の生徒には補習が必要だが、教員の負担は増やせない。そんな状況が公教育への塾の浸透を加速させている。

城南進研の担当者は校内予備校について「最近は公立高が拡大している。今は入試制度の過渡期で、20年度に始まった大学入学共通テストも授業だけでは対応できない。ここ数年で学校と塾の連携が急速に進んだ」と話す。

塾不要論時代から、学校が塾に依存する時代へ

学校教育への塾の浸透は学習面に限らない。高校の進路指導は既に、塾が提供する模擬試験や合否予想のデータなしには成り立たないのが実態だ。「今の大学入試は情報戦。学部や入試方式の種類が増え、偏差値ランキングも上下が激しく、情報の更新に膨大な時間がかかる。教員が教科指導の片手間に進路指導をするのは無理」と関西圏の私立高校経営者。

大手予備校の河合塾とリアセック（東京・港）が16年に提供を始めた「学びみらいPASS」。高校生の能力や職業適性、興味・関心などを可視化するテストだ。今では約600校が進路指導のため採用し、年19万人が受ける。都立日比谷、兵庫県の私立灘といったトップ校も導入した。

河合塾アセスメント事業推進部の山口大輔チーフは「探究活動をメーンに据える高校が増え、総合型選抜で進学する生徒も多くなる。どういうタイプの大学に行くかを考えている生徒を興味・関心などに基づいて指導するのに、このテストは有用だ」と説明する。

矢野経済研究所によると、日本の学習塾・予備校市場はコロナ禍で一時的に縮小したものの、９７００億円前後の規模を維持している。しかし、少子化で将来は不透明。進路指導に必要なデータや放課後補習などへの学校の需要は塾にとっても命綱で、営業攻勢を強める。

学習塾・予備校の市場規模

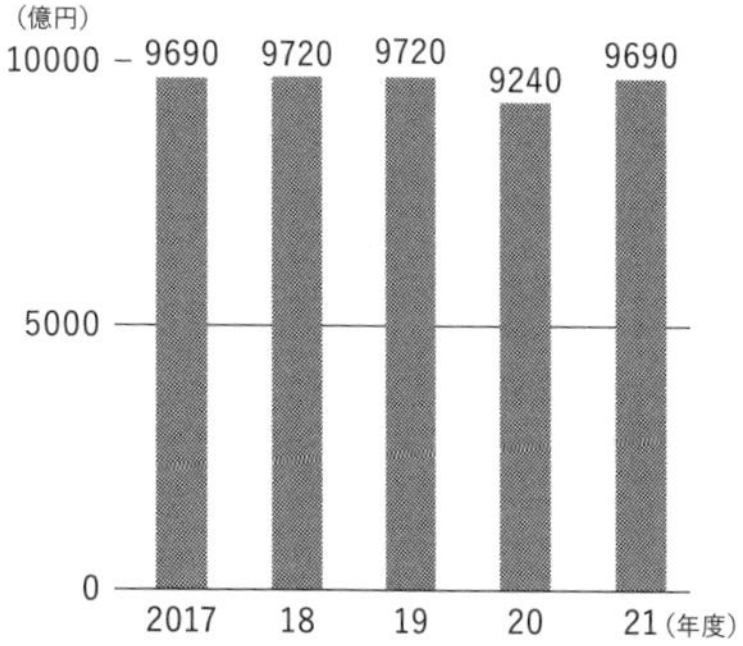

（注）矢野経済研究所調べ。21年度は予測値

学習塾を研究対象にする高千穂大の早坂めぐみ准教授は「かつてあった学校と塾の間の緊張関係が失われ、今はむしろ両者の融合が起きている」と指摘する。過去を振り返れば１９６０年代には効果はなかったものの、都教育庁が塾通いの抑制を打ち出した。教職員組合が校内で補習を行うことに強く反発していた時期もある。

２００６年には政府の教育再生会議で有力委員が塾を巡り火花を散らした。議事要旨によると、ノーベル化学賞受賞者の野依良治座長が「塾を禁止すべきだ」と提案。中嶋嶺雄・国際教養大学長も「塾禁止ぐらいの大きな提言をやらないと」と賛同した。

これに対し委員の葛西敬之・JR東海会長は「日本の数学のレベルは塾によって維持されているという面もある」と反論。事務局が「公教育が再生されれば、自然と塾は競争力を失っていく」と引き取った。

現状は真逆だ。緊張感が失われ、教員の働き方改革を理由に学校の「塾依存」が進んでいるように見える。早坂准教授は「学校だけで教育が完結する時代ではないが、どこまでが学校の役割なのか、しっかり考える必要がある」と警鐘を鳴らす。

進路指導は生徒と日常的に接し、学力や性格、適性を知る教員の仕事のはずだ。安易な外注化が進めば学校の必要性が揺らぐ。学校が学校外の組織・機関との連携協働を求められる時代だからこそ、学校は自らが責任を負う範囲を主体的に決めなくてはならない。

４　過熱する「医学部信仰」の真の問題

難関進学校の「医学部信仰」

２０２２年６月のとある土曜日。休日だというのに全国で指折りの進学校、私立灘中・灘高（神戸市）には約６００人の生徒が登校した。例年1、2学期に3回ずつ開く土曜講座があるからだ。

土曜講座は生徒の視野や関心を広げるキャリア教育の一環。「新しい道路をつくると渋滞が悪化する?!」「法学でスポーツ界に貢献する」「脳神経科学で記憶と感情を書き換える」……興味深い題目が並ぶ。

講師は同校の卒業生をはじめ第一線で活躍する研究者や官僚、弁護士、会社員、起業家、外国の駐日外交官など一流どころばかり。「将来、幅広い分野で活躍してもらうために、生徒の好奇心を刺激したい」。海保雅一校長は講座の狙いを語る。

土曜講座で在大阪スイス領事の話を聞く
灘高校の生徒ら（神戸市）写真：同校提供

世間一般では「理系離れ」が言われて久しいが、灘高では4人に3人が理系志望という〝理高文低〟が何十年も続く。中でも伝統的に強いのが医学部志向だ。

22年度の大学入試では卒業生221人中40人（他に浪人生24人）が国公立大の医学部に合格した。国公立理系学部進学者の4割を占める。土曜講座で各界の一流講師を招いてみても、〝医学部信仰〟の壁が厚いのが現実だ。「多くの生徒が医学部を目指す。なぜだろう。社会の発展やテクノロジーの進歩には工学も理学も重要なのに……」。海保校長は灘高ならではの〝ぜいたくな懸念〟を吐露する。

大手予備校の河合塾によると国公立大医学部は50校中31校が偏差値65以上（23年度入試、前期日程）の狭き門だ。工学系で65以上の大学は東京大、京都大、東京工業大の3校のみ。高学力受験生に根強い医学部志向を物語る。

ただ、大学入試の歴史の中で医学部が常に最難関だったわけではない。一橋大の高久玲音准教授（医療経済学）によると、１９８０年代は国公立医学部の平均偏差値は60台前半。私立は55以下だった。「難化は90年代のバブル経済崩壊がきっかけ。企業や公務員が不況のあおりを食った反動だった」と指摘する。

日本経済の停滞が長期化する中で、医学部の志願者数は伸びていった。文部科学省の学校基本調査によると、２０２２年度入試で医学部志望は約12万人。１９９２年度の約７万７０００人から5割も増えた。この間の受験生が少子化の影響で１割以上減少していることを踏まえると、医学部志向の高まりは顕著だ。

医学部に流れる理系人材　国際競争力保てるか？

日本の医療水準の向上を考えれば優秀な高校生が医学部を目指すことは歓迎すべきことだ。だが過熱する医学部人気は、理系人材の偏在を招くとの懸念も広がる。

２０１９年に経済産業省がまとめた「理数系人材の産業界での活躍に向けた意見交換会」の報告書。ＩＴ（情報技術）機器の普及やＡＩ（人工知能）、ビッグデータの活用といったデ

国際数学オリンピックの予選通過者の進路

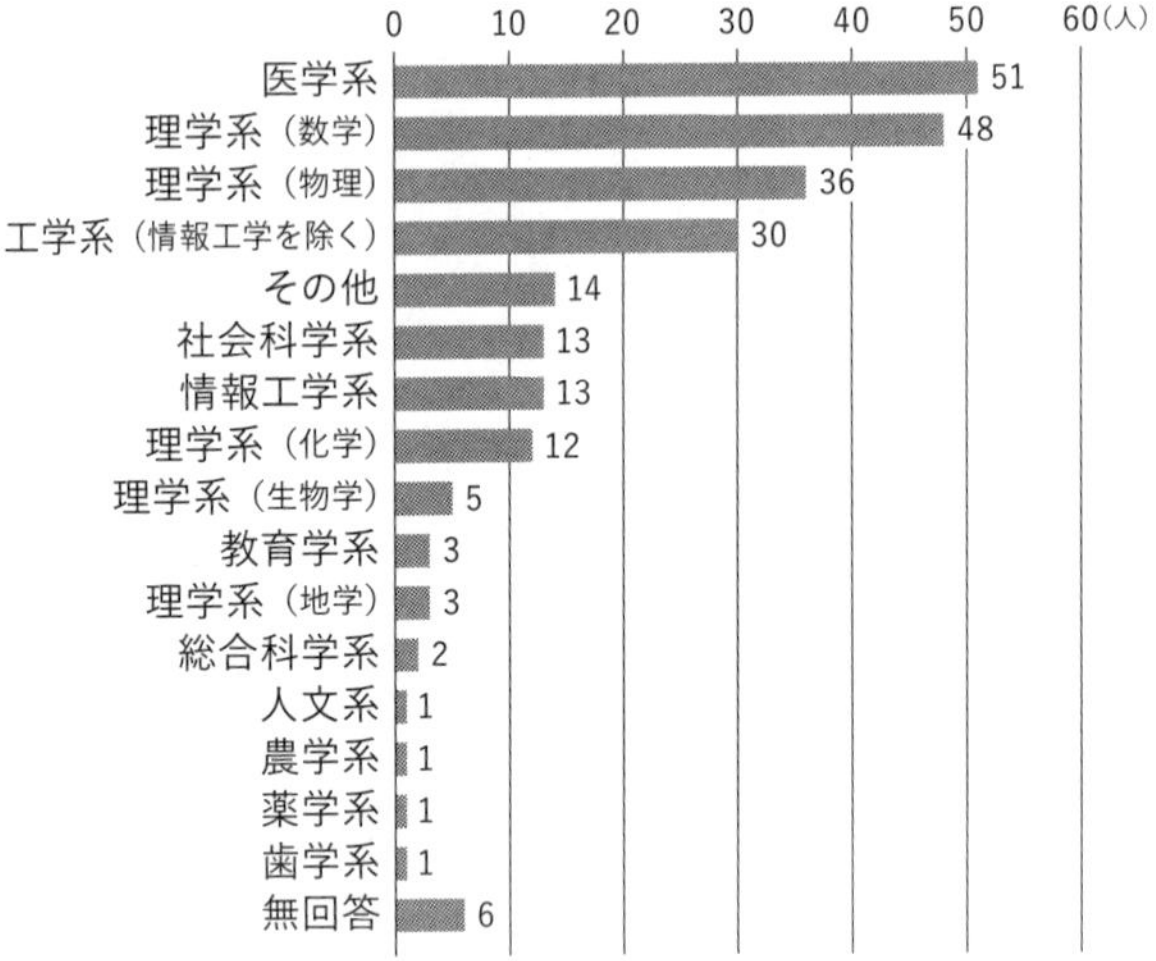

（出所）文部科学省

ジタル革命の時代に欠かすことのできない学問として「第一に数学、第二に数学、そして第三に数学だ」と訴えた。

日本にはデジタル時代の国際競争を勝ち抜くための土壌が広がっている。ＯＥＣＤ（経済協力開発機構）が実施した18年度の「生徒の学習到達度調査（ＰＩＳＡ）」によると、参加した79カ国・地域のうち高校1年にあたる15歳の「数学的リテラシー」は6位、「科学的リテラシー」は5位と世界トップ水準だった。ＯＥＣＤ加盟国に限定すると、数学は1位だ。

にもかかわらず、20世紀末からのデジタル革命で日本人の存在感は今ひとつ薄い。原因の一つに挙げられるのが、過熱する医学部人気だ。

先の経産省の意見交換会報告書は「数学人材の育成が急務」と指摘した上で、「日本の中高生は数学の高い潜在能力があるのに、国際数学オリンピックの予選通過者では医学系へ進む人が多い」と危機感を募らせる。しかし、受験生や進学校、行政の根強い医学部信仰がそれを阻む。

例えば都立高校7校を進学指導重点校に指定する東京都。基準の一つに「難関国立大学等の現役合格者15人以上」を掲げる。ここで言う難関国立大学等とは東大、京大、一橋大、東工大と国公立大医学部。医学部だけは地方の国公立も含め一律の特別扱いだ。

こうした風潮を東工大の加藤文元教授（数学）は「頭のよい子だけを集める入試制度が問題」とみる。「最難関の医学部合格は頭がよいことの証明になり、高校も評価される」

受験秀才が優秀な医師になるとは限らない

懸念は医学界でも広がる。優秀な人材が医学界に集まること自体は歓迎すべきだが、受験秀才が優れた医師になるとは限らないからだ。人間力も必要となる。さらに言えば、「医師になって何をやりたいか」ではなく「医学部合格自体が自らの勲章」と考える風潮が広がっていたとしたら看過できない事態だ。

地域医療を担う人材の育成を重視する和歌山県立医科大。県内からの入学者は3割程度で、多くが大都市圏の有名進学校の出身だ。

宮下和久学長はこれまで、適性に疑問を感じる学生を何人も見てきた。高校や親に勧められるまま受験し、入学してから医師に向いていないことに気づいた学生。血が見られない学生、人体に触れない学生……。せっかく医大に合格しても耐えられず中退してしまったケースもある。

多くの大学が受験生に医師の適性があるか見極めようと、入試で面接を課す。だが、たった10分程度で適性や人間力を見抜くのは困難だ。だから宮下学長は機会があるごとに高校に訴える。「模試の成績がよいから医学部という指導はやめてほしい。将来この生徒になら自分の腹をさばかれてもよいと思うような子に医学部を勧めてほしい」

上皇さまの心臓手術の執刀医として知られる天野篤・順天堂大特任教授は15年から希望した高校生を手術室に入れ、手術や前後の診察の様子を間近に見せるプログラムに取り組む。「本当に医師に向いているかどうか、知りたがっている高校生は多い。不安を解消し、中途半端な覚悟の人には現実を見せる機会が必要だ」と話す。

問題は医学部の努力だけで解決するわけではない。一橋大の高久准教授は「医師以外の理系人材のロールモデルを社会が高校生に示せていないことが根本的原因」と指摘する。

経産省の意見交換会報告書によると、国際数学オリンピックの予選通過者のうち、専攻を選ぶ際に重視した項目として「収入」を挙げた割合は数学や物理、工学系の学生の3倍超だった。

灘高の海保校長も「高校生からしたら、安定していて世間から尊敬され、報酬が高い職業が医師以外に見えてこない」と話す。高校生の目線で考えると、身近にいる医師の仕事はある程度想像がつくが、理学系の研究者や工学部出身のエンジニアがどのような仕事をしているのかとなると、具体的イメージがほとんどないのが実態だろう。

子どもたちに生き生きと活躍する大人の姿を示し切れない時代。医学部人気からは現代社会の様々なゆがみが見えてくる。

5　入試日程に残る大学の〝序列〟

複雑化する入試日程、なぜスリム化できない？

「一言で言えば不文律、大学のカルチャー。弱者が強者に合わせたものですよ」――。東京都市大の菅沼直治入試部長は、全国私立大の一般選抜（一般入試）日程を一覧にした「入試カレンダー」を見ながらこう語る。

「総合型選抜（旧ＡＯ入試）」や「学校推薦型選抜（旧推薦入試）」などの「年内入試」が主

流になる一方で、私大の一般入試は2月に集中する。同一日に試験を行い併願が不可能な国公立大と異なり、私大は学部や学科ごとに自由に入試日を設定できる。同じ学部や学科でも複数回の試験や出題科目の異なる試験を実施して、きめ細かく受験生のニーズに対応する。その方がより多くの受験生を確保できるし、私学経営に欠かせない受験料収入も増やすことができるからだ。

一方で、受験生は「安全」を考えて受験校を決定する。第1志望に間違いなく合格できる自信があれば〝本命一本やり〟もよいだろうが、そういう受験生はまれだろう。結局、第2志望、第3志望と滑り止め校も受験する。受験校が多いほどリスクは低くなるが、その分、肉体的・精神的負担は高まる。受験料や宿泊代等の経済的負担も軽視できない。合格しても期日内に入学手続きを済まさないと無効になるし、手続き後により志望順位の高い大学に合格すると納めた入学金は無駄になる。受験生は自分の学力に見合う大学を吟味し、より効率的に志望順位の高い大学に合格できるように戦略を練る。大学側も受験生の思いを知悉《ちしつ》しているので、ライバル校の予定を踏まえて入試実施日や合格発表日、入学手続きの締切日などを設定、1人でも多くの受験生に受けてもらえるように知恵を絞る。

2021年度大学入試（一般選抜）の実施日

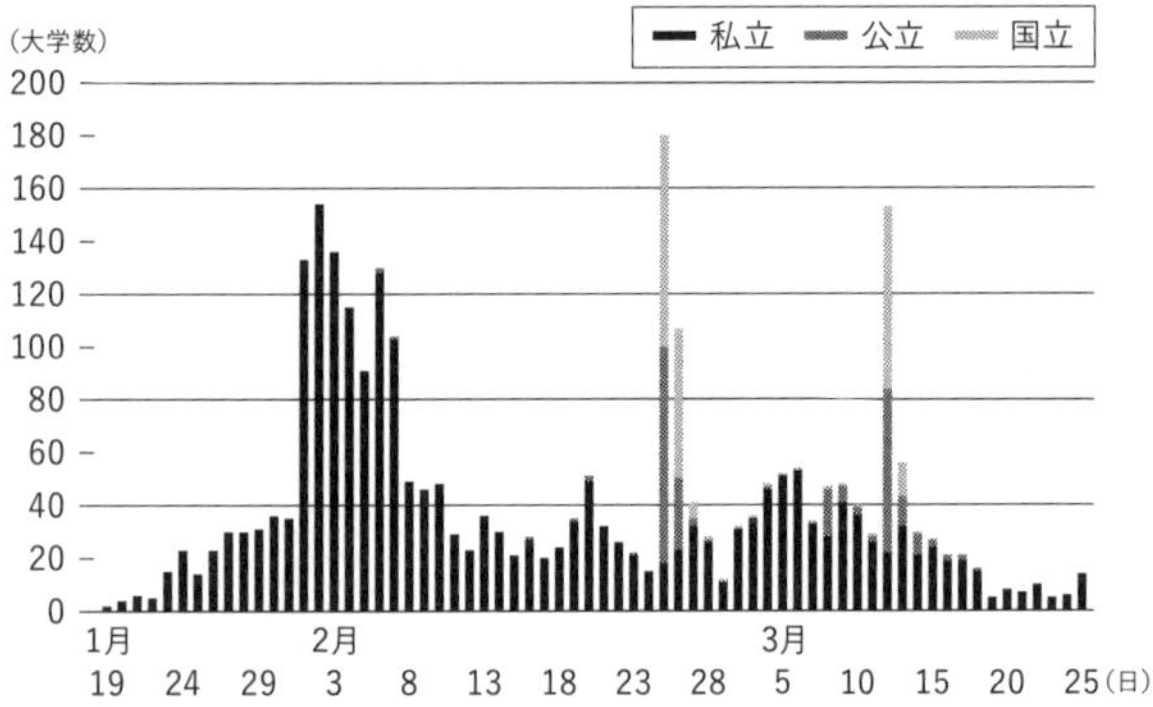

（出所）文部科学省調べ（21年1月6日現在）

こうして出来上がるのが全国約６００の私立大学の入試日程や入試方法を網羅した「入試カレンダー」だ。大学受験情報誌「蛍雪時代」を発行する旺文社のまとめによると、２０２２年１～３月に全国５９２大学が設定した入試は１万３０００件以上に上るという。

一般入試の日程は１月半ばの大学入学共通テストから始まる。関東地方の場合、２月１日から私立中堅校の試験が本格化し、中旬からは上位校が日程を組む。競争力に劣る大学は１月に前倒しで実施する。最難関の早稲田大や慶応義塾大の試験が終わると私大入試は一段落し、国立大学の前期試験が始まる。国立大学前期試験が終わると、〝敗者復活〟的に私立大が入試を行う。受験というごく限られた市場の中で強者の論理が展開し、自然発生的に完成した秩序を乱すことはリスクを伴うから、個々の大学は抗うことはできない。「入試カレンダー」は不文律のルールであり、大学のカルチャーそのものだ。

東京都市大は前期（2月初め）に加え、中期（20日ごろ）、後期（3月初め）の日程も組む。中期日程は有力私大で満足いく手応えを得られなかった受験生がターゲット、後期日程は同じく国立大の前期試験を受験した受験生の囲い込みを狙っている。

日程が過密になれば入試が複雑化し受験生に分かりにくくなる。入試事情に詳しい受験産業の力を借りないと、高校の進路指導教員だけでは全貌は理解できない。受験生の偏差値と大学の偏差値、入試日程を目安に志望校決定がなされる。大学もタイトな日程の中で迅速な採点・合否判定を求められるから、「丁寧な選抜」はないがしろにされかねない。それでもスリム化できないのは、大学が「多様な入試」のかけ声の下で、受験機会を増やし多くの志願者と受験料収入を確保したいからだ。

大学入学共通テスト、前倒し構想は頓挫

日程過密化のもう一つの要因が1月中旬の大学入学共通テストの存在だ。私大は共通テストと国公立大前期試験に挟まれた1カ月半弱の間で一般入試の大方を終える必要がある。過密日程の解消には試験期間を延ばすのがベストだが、国立大学入試の時期を遅らせることは難しいので、共通テストを前倒しするしかない。

実は入試改革のために共通テストを前倒しすべきだとの声は以前からあった。共通テストの源流である共通一次試験は１９７９年1月に始まったが、このときも試験の実施時期を年明けにするか前年末にするかで大論争になり、当初予定より導入時期がずれ込んだ経緯がある。

文部科学省が２０２０年度の実施を目指した「高大接続改革」の議論でも記述式問題の導入や面接、小論文の活用などで時間と手間をかけた選抜を実現し、一発勝負の弊害をなくすため、共通テストの前倒しや年複数回実施案が浮上した。

構想が頓挫した最大の原因は、高校側が「教育課程が全て終わっていない時期に試験を行

えば高校教育が混乱する」「早期の試験は部活動や学校行事に深刻な影響が出る」などと反発したからだ。かといって従来と同じ1月半ばの実施スケジュールの下では採点期間を十分に取れない。改革の目玉だった記述式問題は短文になるなど非常に中途半端な形になり、最終的に共通テストの前倒しや複数回実施は見送られた。

2022年1月に実施された大学入学共通テスト

「絞り込み不要」の時代の共通テストの意味

とはいえ高校3年生を取り巻く環境は大きく変わっている。2人に1人が年内入試で大学進学を決めており、高校生の就職の選考開始は9月だ。高校生の進路決定時期が早まっているのに、共通テストのみ1月実施に固執するのは説得力を欠きつつある。

新しい動きも出てきた。日本私立大学連盟（私大連）は21年、共通テストの1カ月前倒しを文科省に要望した。有力私立大の中には入試の多様化という名目で入試科目を絞り込んだ結果、対応策として高校が早期に文系・理系を分けるようになったことへの反省がある。

特にデジタル社会では文系人材でも数学等の知識が必要だし、理系人材も人文社会科学の素養が求められる。入試科目を増やすのも一策だが個々の大学が新たに試験科目をつくるのは非効率であり、それだけの余裕がある大学は限られる。そもそも現状の１月半ばの実施は、入試日程上、多くの私大にとって使い勝手が極めて悪い。

私大連の田中愛治会長（早稲田大総長）は「今の日程では私大が１次試験に活用したくても使えない。採点が終わって受験生の成績が大学に通知されるのは２月に入ってからで、遅すぎる」と文科省に改善を訴えるが、省内の意見は割れている。

一方で駿台予備学校の石原賢一進学情報事業部長のように「共通テストの当初の使命は終わった」という見方もある。「１９７９年に始まった共通一次試験の狙いは厳しい受験戦争の時代に殺到する受験生の絞り込みと難問奇問の一掃だったが、状況は一変した」からだ。

当時の受験地獄という言葉はいまや死語になり、大学を選り好みさえしなければほとんどが入学できる全入時代が到来した。落とすことを最優先したかのような難問奇問も姿を消し、学習指導要領から逸脱した問題を出したら社会的な批判を浴びる時代になった。

私大連の言うように共通テストを私立大が利用しやすい形に変えることも一案だが、共通テストの今日的意義をもう一度検証することも必要だろう。

さらに高校卒業から大学入学までの期間がタイトなのだから「秋入学も丁寧な選抜をするための一つのアイデアだ」（川嶋太津夫・大阪大特任教授）という声もある。入試時期を高校卒業後にずらせるからだ。

２０４０年の18歳人口推計、わずか４年で10万人減

大学入試改革を核とする「高大接続改革」が事実上、頓挫した中で、文科省は新たな大学入試改革の方向性を模索する力を失ったかにみえる。

そうした中で厚生労働省が公表した「人口動態統計速報」が大学界に衝撃を与えた。22年の出生数は過去最低の79万９７２８人（日本在住の外国人らを含む速報値）で、日本人のみだと77万人程度の見直しになったからだ。これは18年後の40年には18歳人口が77万人水準になることを意味する。

文科省に教育政策を提言する中央教育審議会は18年に作成した「２０４０年に向けた高等

教育のグランドデザイン」答申で、40年の18歳人口を88万人と推計していた。わずか４年前に出された推計値を10万人以上も下回ることになることがほぼ確実になったわけだ。

想定を上回るペースで進む18歳人口の減少は、現在の大学入試地図を一から書き換えかねないインパクトを持つ。

文科省の学校基本調査によると、22年の高等学校卒業者（全日制・定時制）は99万２３０人だった（別に中等教育学校の卒業者が約５０００人いる）。このうち、大学や短大、専修学校などに進学した者は79万１９９６人だった。

40年の18歳人口とみられる77万人はこの数字を下回る。つまり、大学や短大、専修学校などの規模が現状のままだと、40年は高校卒業生全員が就職もせずに進学したとしても２万人分が不足することになる。もはや個々の大学の自助努力や小手先の改革ではどうしようもない状況が目の前にある。高等教育全体のダウンサイジングは避けられない。

過密な入試カレンダーからは現行の高大接続や入学者選抜を巡る様々な課題が見えてくる。抜本的見直しが必至なのに、国にも大学界にもその自覚が希薄なことが最大の問題といえる。

私はこう見る

東大や京大、一段と難化

冨田賢太郎●鉄緑会会長

東京大に多くの合格者を出す進学塾「鉄緑会」の冨田賢太郎会長は、トップ大学の入試は一段と難化していると指摘する。入試の現状をどう見るか聞いた。

――筆記試験を課さない総合型選抜（旧ＡＯ）や学校推薦型選抜で入る学生が増え、大学入試は全体では易しくなりました。最難関大はどうでしょうか。

「東大や京都大、国公立大医学部はむしろ厳しくなっている。入試問題がかなり難しくなった。英語や理科は問題量が格段に増え、相応の訓練をしないと受からない。かつては（大半が医学部に進む）東大理科Ⅲ類も得意科目があれば突破できた。今は、特に医学部は全科目でバランスよく得点しないといけない」

「要領のよさ、頭の回転の速さだけで合格するのは難しい。逆に言えば、きちんと一生懸命やった者が報われる要素が増えている」

「入試がこれだけ難しくなったのは、私たちが得点力を引き上げていることの影響もあるかもしれない」

――鉄緑会は中学1年から6年一貫のカリキュラムが柱です。東大入試に最適化した結果ですか。

「そう思う。数学の進度はどの進学校よりも速い。6年間で高校の範囲を4周する。繰り返すから定着する。やる気のある人が最も合理的、効率的に勉強できるものを提供している半面、生徒が自分で試行錯誤する機会は少なくなる。それは何らかの形で生徒に気づかせたい」

――学校の勉強だけでは入試の突破が難しく、塾がトップ層の学力形成に大きな役割を果たしている現状をどう思いますか。

「塾と学校は違う。学校は大勢の同世代の中で色々な能力、才能を多面的に見ながら時間と空間を共にして伸び伸びと勉強できる。受験勉強は合理的にやらないといけないので私たちが手伝う。学校は学問の幅広さや奥深さ、夢を持つことなどを教えてほしい」

――塾があるから学校は学校であることができる、ということですか。

「塾は学校と戦うものではない、ということ。塾に行くなと指導する学校があるが、塾の代わりに学校がやる、と言い始めたら学校の存在価値がなくなってしまうと感じる。生徒のやりたいようにさせればよい」

——学校教育に注文は。

「資源国でない日本は、ずばぬけた才能がある人を伸ばし、社会を引っ張れるようにすべきだ。特に理数系の技術力は世界の最上位を目指す必要があり、数学はその根幹だ。しかし、学校では才能のある子どもを必ずしもうまく伸ばせないと感じる」

「飛び級制度があるとよい。特に公立中学校の生徒はやればできるのに止められてしまっている。例えば、中学校の数学は高校入試の出題範囲までしかやらない。原石のまま埋もれがちで、もったいない」

とみた・けんたろう
東大医卒。
１９８３年に設立された鉄緑会の草創期に学生講師を務めた。
卒業後、同会の専任講師になった。
医師経験もある。

受験は逆転の大チャンス

小林さやか●ビリギャル

難関大の受験準備を始める時期の前倒しが進み、遅れて競争に参加する子に不利な状況が生まれつつある。高校2年の夏に奮起して慶応大に現役合格し映画「ビリギャル」などのモデルになった小林さやかさんは「受験は逆転の機会であるべきだ」と訴える。

——どんな経緯で慶大に合格しましたか。

「高校での成績はビリ。大学受験をする気は全くなかったが、弟の代わりに行った塾の面談で出会った坪田信貴先生に『君が慶応に受かったら面白いよ』と勧められた。その気になり、1日15時間の猛勉強を続けたら道が開けた」

「本当の学びが始まるのは大学に入った後なので、大学受験さえ乗り越えれば大丈夫だという発想は危険。ただ、私のような子でも1年半、一生懸命勉強することで目指す大学に入ることができた。新たな出会いにつながり、世界が変わった。受験は逆転の大チャンスであるべきだと思う」

——難関大の受験を巡る現状をどう見ますか。

「幼少期からの受験準備が過熱しすぎている。そのせいで、小さい頃から塾に通って勉強しなければ早稲田大や慶大に進むのは無理という風潮が強くなっていると感じる」

「講演などで私の経験談を聞いた子が『自分も早慶に行きたい』と思い立っても、親が『あなたは地頭が悪いから無理』とブレーキをかける。エンジンをかけてあげる大人が少ない」

――どう変えていくべきでしょうか。

「私の場合、信じてくれた坪田先生との出会いで人生が変わった。子どもを鼓舞するだけではなく、周りの大人の学習観をアップデートすることが大事だと感じている」

「２０１９年から聖心女子大大学院で教育学を学び、公立中学校の先生と授業改善の実践に携わった。学習内容が日常生活で生きると実感することで学習意欲が高まり、先生も『楽しそうに学ぶ生徒を初めて見た』とのめり込んでいた」

――米コロンビア大教育大学院に進学します。

「英語の勉強は本当に大変だったが、その気になれば海外の大学にも行ける。私の例で、海外大学を視野に入れる人が増えるとうれしい。大学は日本だけじゃないのに、生まれ育った地元の国立大、トップなら東京大と最初から選択肢が狭い気がする。親や先生が積極的に選択肢を広げてあげてほしい」

「コロンビア大で認知科学の領域を専攻し、人が学びに向かう動機づけや環境を研究する。私は本当に勉強ができなかったが『ビリギャルは地頭がいいから受験に成功しただけ』と子どものやる気をそぐ大人の反応が悔しかった。子どもの未来を変える教育者を増やすため、動機づけを科学的に説明したい」

こばやし・さやか
1988年生まれ。慶大総合政策学部卒、聖心女子大院修了。講演活動などを経て2022年秋から米コロンビア大教育大学院に進学予定。

難関大以外は偏差値終わり

石原賢一 ● 駿台予備学校部長

入試動向に詳しい駿台予備学校進学情報事業部の石原賢一部長は一般選抜（一般入

試）以外の入学者が増えるのは大学の生き残り戦略に加え、保護者の意識の変化が大きいという。

――２０２２年の大学入試をどう見ますか。

「潮目となった年だと思う。昨年、私立大は新型コロナウイルス禍で志願者数が15％減ったが、元に戻る気配が全くない。全国模試で偏差値55未満の中下位層大学では一般入試から総合型選抜（旧ＡＯ入試）、学校推薦型選抜への移行が顕著だった。難関校では一般入試の志願者が増えたが、下位校はほとんど取れていない。総合型や推薦で囲い込みをするしか道はない」

「総合型・推薦は1人1校が原則。合格者は確実に入学してくれる。建前は多様な学生の選抜だが、本音は生き残るための入学者の早期確定だ。他方、一般入試は募集人員を絞って難易度を上げ、偏差値を高めに誘導する。一般入試が機能しない中下位層では偏差値は実態を表していない。あと数年もすれば難関校以外、偏差値は終わりだと思う」

――一般入試離れは大学の都合だけでしょうか。

「親と大学は相思相愛だ。親の意識が大きく変わっている。ＡＯ・推薦が広がりだした時代に育った世代なので抵抗がない。予備校が『第1志望を目指し一般入試で頑張れ』と言っても、『自分も妻も推薦だけど推薦はダメなのか』と言われる。厳しい競争を突破して中高一貫の超進学校に入った層と保護者も子どもも二極化している」

「しかも社会が成熟し、スポーツ選手や芸能人にでもならない限り、普通の仕事で一獲千金という話はなくなった。無理して難関校に行っても、人生そんなに変わらないとみんな思っている。それが社会の空気だ。だから無理はしない。でも、今の時代、大学ぐらい出ていないと就職は厳しいからと考え、身の丈に合う大学に行こうとする。夢を与えられない社会。これは大人が悪い」

――そうした風潮をどう見ますか。

「単なる安全志向はやめた方がいい。どこであれ、やりたいことがしっかり学べる大学ならばよいが、そうでないとまずい。『たまたま私立の有名大学の一つに総合型・推薦の枠が残っていた』というような進路選択は絶対に避けるべきだ。総合型・推薦は夏ごろには志望校を絞るので、ミスマッチが起こりやすい」

「今は入れる大学、行ける大学を優先する層が増えている。大学側も国公立と私立の上位１００校程度、それに医学部など看護医療系以外は選抜機能を失っている。特に私立文系は深刻だ。だが２０３０年代に大学の大量破綻時代が始まると、大学に見切りをつける層も増える。そんな風潮は崩れるだろう」

いしはら・けんいち
京都大工学部卒。１９８１年駿台予備学校入職。高卒クラス担任などを経て２０１７年、駿台教育研究所進学情報事業部長。22年から現職。

（２０２２年８～９月新聞掲載）

第4章

「学校崩壊」避けるためにできること

1　学校は「ブラック職場」？　教員不足の背景

出産休暇に入る教員の穴が埋まらない

「病気や出産で休暇に入る教員の代替の確保が非常に厳しい。児童生徒の学びの保証のため協力を」――。山梨県の山梨市教育委員会は2022年8月、こうした趣旨の文書を市内の小中11校の保護者に配り、人材の紹介を頼んだ。

求めたのはまず、教員免許を持ち産休育休に入る教員の代替教員や、子どもの学習を手助けする学習支援員として働ける人材。免許がなくてもできる校内の「見守りボランティア」などへの協力も求めた。市教委によると前例のない依頼で、数件の連絡があった。一方、市内の保護者からは「かき集めた先生で大丈夫なのか」と不安視する声も上がる。

休職などで生じた教員配置の穴が埋まらない事態が今、各地の学校で生じている。人材に恵まれているはずの東京都でも約50の小学校が計約50人の欠員がいる状態で22年度の始業日を迎えた。

学校数では全公立小の４％程度に過ぎないが、都では年度初めの欠員自体が珍しく、驚きが広がった。夏休み明け、欠員は約１３０人に増えた。

ある校長は「（欠員を埋めようと）臨時採用の候補者名簿を見て２００人近くに電話したが『企業に就職が決まった』などと断られた」と話す。欠員がある区の教育委員会の人事担当者は「児童や保護者が入学後、初めて受け取る学校だよりに担任の名前が書かれていないのは問題だ」と嘆く。

欠員があっても学校は授業を進めなくてはならない。特に小学校は学級担任が指導に果たす役割が大きい。どう対処するか。小学校で多いのが算数の少人数指導の中止で、「少人数崩し」とも呼ばれる。

算数の学力向上のため、児童を習熟度別のグループに分けて授業をする小学校は多い。そのため、学校には担任を持たない算数の専科教員が配置されている。それを担任に回すのだ。担任の不在は避けられるが少人数できめ細かな指導はできなくなる。

人員不足で学校が回らなくなる

ある小学校では22年秋、3年生の学級担任が年度途中で急に退職したことで、算数の専科教員を担任に充てざるをえなくなった。3、4年生の算数が少人数ではなくなり、影響は他学年にも及んだ。

校長や副校長が担任の代わりに授業をすることもよくある。都内の小学校長は「常にスクランブル（緊急発進）できる状態です」と苦笑するが、不得手な教科を教えざるをえないこともあり、問題だと感じるという。管理職は授業づくりの研修や教材研究から遠ざかっていることも多い。

関西の中学校では22年秋から産休に入る美術教員の補充が見つからず、教員は産休前の2カ月間に半年分の授業をまとめて行わざるをえなかった。「授業を終えないと成績評価をつけられず3年生は受験に影響する。苦肉の策だ」と教委の担当者は話す。

少人数崩しにしても、管理職の応援その他の手段にしても、授業の質の低下に目をつぶらざるをえない。そして影響は学校全体に及ぶ。欠員が生じたことで他の教員の負荷が高まり、休職者が出るなどして新たな欠員が生じることもある。

全国公立学校教頭会が22年、全国の小中学校教頭・副校長ら２万人余りを対象に行った調査（回収率73％）では、回答者の17％が「22年度初めに学級担任が配置できず不在の学級が出た」とした。同会は「教員不足の深刻さを物語る結果」と分析している。

深刻化する教員不足（公立）

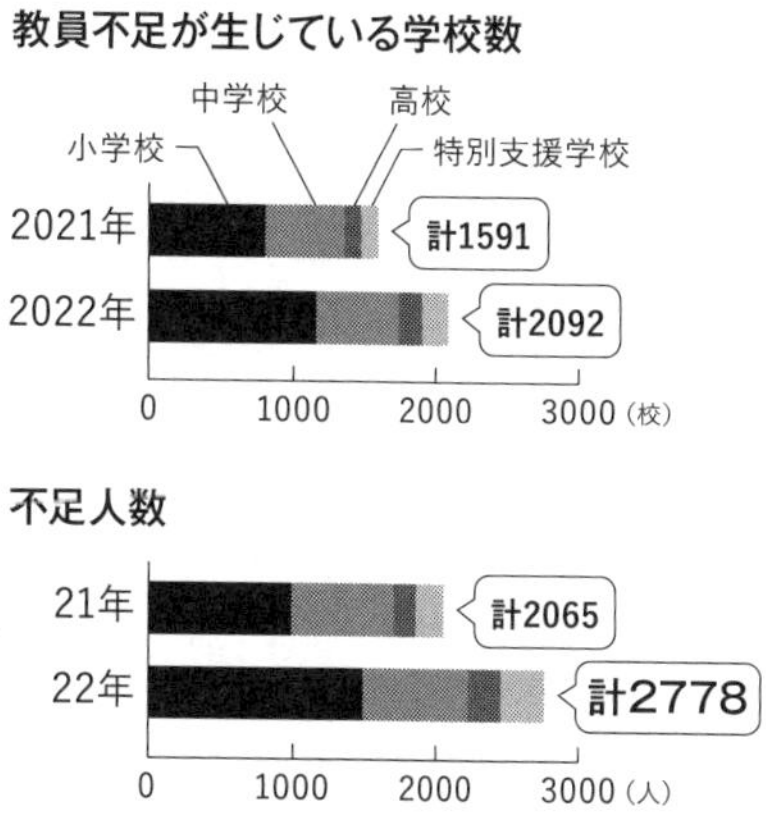

（注）5月1日時点。21年は文部科学省、22年は日本経済新聞社調べ

戦後、日本の教育は課題を抱えながらも指導水準の高さが海外から評価されてきた。その原動力で、良質な人材が多かったはずの教員集団に異変が起きている。

日本経済新聞が教員人事権を持つ68の都道府県・政令市などに22年５月１日時点の配置状況を尋ねたところ、公立小中高校と特別支援学校の２０９２校（全体の約６％）で計２７７８人の欠員が生じていた。

文部科学省の21年同時点の調査では

１５９１校・計２０６５人で、ともに1年で3割増えた。人数は全教員の１％未満とわずかでも、少人数授業の中止や学校全体の多忙化などを通じて影響を受ける子どもは万人単位に上るとみられる。優秀な教員が足りず学校が回らない「学校崩壊」につながる恐れが出ている。

採用イベントで教員の仕事の魅力をアピール

そもそも、教員不足はどんなメカニズムで生じるのか。

教員不足は、学校の教員数が教育委員会が学校に配置すると決めている数（配当数）に満たない状態だ。文部科学省は義務標準法などで教員定数を決めているが、これは国として教員給与に充てる予算を確保するためのいわば最低ライン。各都道府県・政令市はそれぞれの教育政策を踏まえて、国の定数に上乗せするなどして学校への配当数を決めている。文科省によると、21年5月1日時点で全国の公立小中高校・特別支援学校には計83万７７９０人の配置が予定されていた。

配当数は前年度のうちに決まっているが、年度末や新年度の初めに住民の転入などがあり、学級数が急に増えて担任が足りなくなることがある。そうした場合に備えて都道府県教委は臨時に任期付きで採用できる候補者の名簿をつくっており、そこから補充する。年度途中で病気や出産などの理由で休む教員が出た場合も同様だ。

従来、名簿には大学在学中の教員採用試験で不合格となり、卒業後、臨時採用で働きながら合格を目指す人が多く登録されてきた。しかし最近では採用試験の倍率が下がり、不合格者が減ったことで名簿登録者を十分に確保できなくなった。

登録されている人たちは引く手あまたで、すぐ枯渇してしまう。名簿が事実上機能しなくなり、校長などが個人的なつてを頼って教員免許を持つ人を探さざるをえなくなった。

山梨市が保護者向けに文書を出したのも、そうした状況の中の一コマだ。もともと、山梨県はお隣の東京都に志望者が流出しがちという事情もある。小学校の教員採用試験の倍率は21年度実施の試験で１・８倍と低い。

そこで同県は小学校教員として採用後、一定期間働くことを条件に奨学金の返還を一部肩代わりする制度を始めた。在学中に日本学生支援機構から借りた奨学金のうち、卒業前2年分を上限に返済資金を補助する。小学校教員採用試験の受験者のうち20人程度を対象にしており、採用試験の倍率上昇を狙う。

東京都が開催した教員採用イベント。
待遇や休暇について説明した（2022年10月、渋谷区）

他の都道府県も対策に懸命だ。

東京都は22年10月、大学生や教員免許を持つ社会人向けの大型採用イベントを初めて開いた。

当日は渋谷区の会場に約20のブースを設け、若手教員らが「ここ数年で午後5～6時に帰れるようになった」「教員は休みが多い。待遇も民間に負けていない」などとアピール。来場者が働き方の実態を聞いたり、採用後の研修を模擬体験したりして不安を解消できるようにした。

日本経済新聞が実施した調査でも教員の確保策を聞いた。「大学訪問を通じて志望者を掘り起こす」（秋田県）、「受験年齢制限の撤廃や東京会場での試験の実施」（福島県）、「教員の魅力を発信する説明会を高校生も対象に実施」（三重県）などの回答が寄せられた。

授業をこなせない教員

注意したいことがある。採用試験の倍率低下は単に数が足りないという問題ではない。現在の日本の教員養成・採用制度の下では、倍率低下は人材の質の劣化に直結する点だ。採用試験の受験に必要な教員免許状は大学で単位を集めれば取れ、教員としての適性や能力は厳しく問われない。つまり、免許が質の担保になっていない。力不足の志願者も多く、採用倍率に比例して教員の質も下がる。

都内のベテラン教員は「新人が授業も学級運営も満足にできず、周囲が手助けすることがここ数年で常態化した」と言う。教委の担当者から「採用試験の倍率が3倍を下回ると質が保てなくなる」といった話を聞くことも多い。

国も事態を深刻視している。「採用倍率の低下を危機感を持って受け止める」。22年9月、永岡桂子文科相は都道府県教育長らとのオンライン会議でこう語った。21年度実施の小学校の採用試験受験者は約4万人と、10年前より3割減。採用倍率は4・4倍から過去最低の2・5倍まで落ち込んだ。

さっそく同省は22年暮れ、教員採用試験の改革案をまとめた。早期化する民間の採用活動に対抗して24年度から選考日程を早め、倍率の低下に歯止めをかける。

教員採用試験の倍率は低下

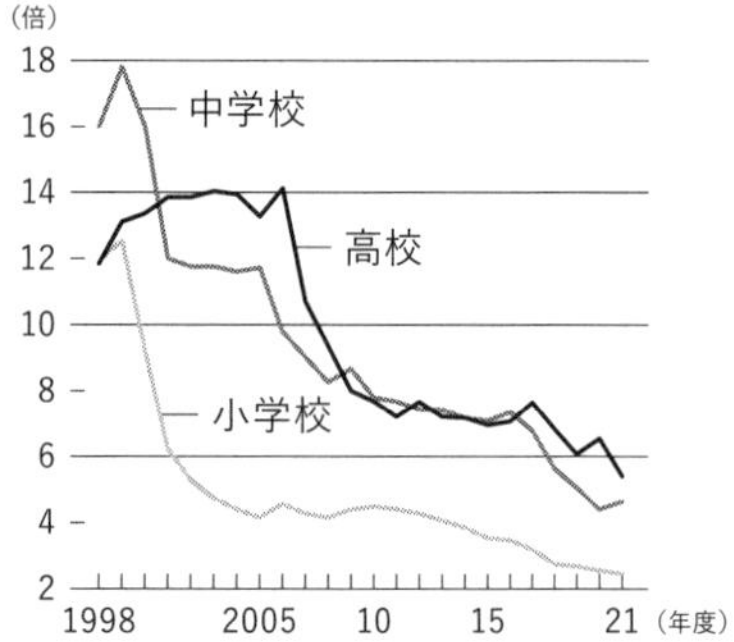

(出所) 文部科学省

採用試験は一般的に7～8月に筆記や面接試験で選考し、9～10月に合格発表する。だが6月ごろには民間企業の内々定を得て就職活動を終えている学生も多い。そこで採用試験を最大約3カ月早め、受験者の増加につながる案が浮上している。

ただ「長時間労働や保護者対応の難しさから教職の魅力が低下しており民間との競争は厳しい」（ある県教委）との懸念は根強い。教員志望者のパイが増えないと、採用試験の時期だけ早めてもさほど意味はない。だがパイを増やそうにも、教員の魅力が色あせてしまっている状況では難しい。対策には出尽くし感もある。

「ブラック職場」のレッテルをはがす

質と量の両面で十分な教員を確保するには養成も採用も見直しが必要だ。文科省は22年3

月、東京学芸、福井、大阪教育、兵庫教育の国立大４校を教員養成のフラッグシップ（旗艦）大学に指定した。教職課程に関する規制を緩め、戦前の師範学校以来の伝統にとらわれない、デジタル技術の活用力などを備えた新時代の教員の育成策を探る。

教員の質の確保が採用試験の倍率頼みになっている現状は変えなくてはならない。免許を取得していれば、指導力アップのための研修は必要だとしても、ひとまずは自信を持って教壇に立てるようにするのが本来の姿だろう。

多様な人材確保の工夫も足りない。社会人を起用するための特別免許状の授与件数は20年度で２３７件と一般の教員免許の０・１％にとどまる。文科省は特別免許状制度の活用に向け背中を押すが、人事権を持つ都道府県の動きは鈍い。一般の教員免許を持っていないと溶け込みにくい学校風土、教員文化の問題もある。

免許制度という壁をなくすことは難しくても、免許を取りやすくすることはできる。オランダは社会人が学校で一定期間、有給で訓練を受けながら教員免許を取れる仕組みを導入している。

労働力人口の減少に伴う人手不足の深刻化を考えると、社会人採用の門戸を広げるだけでは十分ではない。民間との人材争奪戦の激化を視野に、有能な人材が教職に集まる環境をつ

日本の教員の特徴

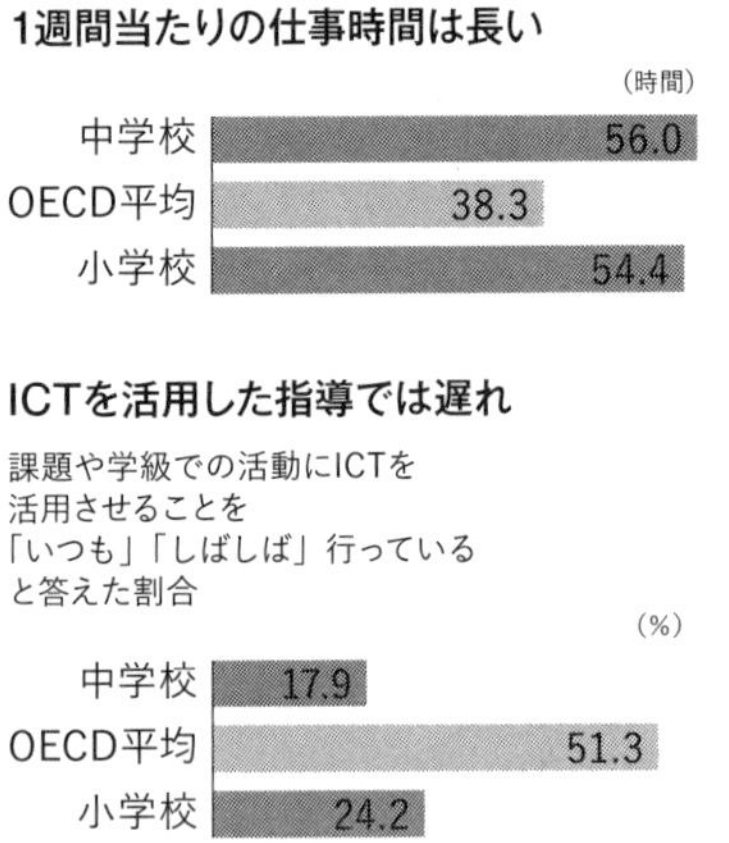

(注) 2018年の経済協力開発機構(OECD)国際教員指導環境調査。OECD平均は参加48カ国・地域の平均、中学校のみ

くらなくてはならない。必要なのは学校の再定義だ。学校は放課後のトラブル対応も引き受け、教員は自己犠牲をいとわぬ聖職者――。そんな過大な期待や一部保護者の無理な要求で、現場では能力ある教員ほど疲弊している。教員の「献身性」を前提にした制度は限界が来ており、働き方改革が進む民間との差が広がっている。

「学校はブラック職場」というレッテルをはがすには、授業を中心に子どもの能力を伸ばすことへの教員の役割の絞り込みと、働き方や待遇の見直しが欠かせない。小学校英語や1人1台の学習端末配備のような「新規事業」を始める前には、必要性が薄れた既存事業を整理するなど民間で当然の発想も要る。

働き方改革と教員の問題に詳しい小室淑恵ワーク・ライフバランス社長は「子どもの多様

な才能を丁寧に育てる環境が公立学校にないとイノベーションも生まれない」と強調する。

文科省は22年度、6年ぶりとなる教員の勤務実態調査を実施した。23年春にも結果の概要をまとめ、教育現場の取り組みの検証や待遇の改善策について検討を進める。

もはや小手先の改革では質の高い教員は確保できない。「大事なのは日本全体で教員を目指す人の数を増やし、質を高めていくことだ」（永岡文科相）。困難な課題に正面から取り組むことなしに学校の未来はない。

2 「サザエさん」家庭は少数派　PTAもはや限界

PTA解散しても不都合は「全くない」

「PTAをどうやって解散したのか」「保護者への説明は」。群馬県庁から5キロ弱、生徒300人余りが通う前橋市立明桜中学校に、他校関係者から複数の問い合わせが寄せられている。

川上辰幸校長とPTA会長が解散を提案したのは2022年1月。「役員候補がおらず講演会や研修会も人が集まらない」。示された理由に対し、保護者からは数件の意見が寄せられたが、「義務感から自由な意思へ変わる」「強く支持する」などと賛成を示す内容ばかりで、同3月末で活動は幕を閉じた。

ある保護者は「PTAは学校のお手伝い要員という側面が強く、解散の提案があったときは心からよかったと思った」と振り返る。

解散後に不都合はなかったのか。川上校長の答えは「全くない」。保護者の支援が必要な場合はその都度、有志を募っている。解散後に行われた修学旅行では、迎えに来た保護者の車で駐車場が混雑するため、数人の保護者がボランティアで整理に当たった。

日本各地でPTAの存在意義が問われている。解散や活動縮小といった動きが広がり、「PTA離れ」が加速。教員の多忙が問題になる中、学校行事を手伝ったり、資金的な支援を行ってきたりした存在が、失われようとしている。

変化が起きているのは学校単位のPTAだけではない。全国約768万人の会員を抱える上部組織である日本PTA全国協議会（日P）も同様だ。東京都にある小学校の一部PTAでつくる東京都小学校PTA協議会は同年7月、会費を納めてもメリットが受けられないなどとして、退会する方針を決めた。

「サザエさん」型家庭の減少とPTAの寿命

保護者から「嫌われる」構図が決定的になりつつあるPTAだが、かつては子どもの教育のために、学校と二人三脚で歩んできた。

PTAは戦後、GHQ（連合国軍総司令部）の推奨で広がった。目的は「学校と保護者が協力して子どもの幸福を目指す」。法的には設置義務も加入義務もないが、全校にあり全員の保護者が入るのは不文律だった。

日本が経済的に豊かでなかった時代には、PTAからの資金や物品の提供が頼りにされていた面もある。PTAは町会や自治会などともコミュニケーションをとり、学校と地域を結ぶ存在でもあった。

こうした常識はもはや通用しなくなっている。平日に学校で長時間かけて会議し、前例踏襲の行事の準備をする――。こんな活動スタイルに保護者がついていけなくなったためで、役員の押しつけ合いまで起きるようになっていた。明桜中でも、年度当初から次の会長を誰にするかが問題となり、保護者間の関係がぎくしゃくすることがあったという。

父親は会社、母親は家庭という「サザエさん」型家族が主流の時代は何とかなった。母親が活動の中心を担えたことが大きく、実際に1980年は専業主婦のいる世帯数が共働き世帯数の1・8倍あった。PTAは主婦が社会と関わりながら、組織運営の方法を学ぶ場でもあったとされる。40年以上を経た今、共働き世帯数は専業主婦がいる世帯数の2倍を超す。

小学校のPTA会長を21年春まで3年間務めた岡田憲治・専修大教授（政治学）は「保護者の生き方が多様になり、従来通りの活動を続けることは難しくなっている」と指摘する。自身は保護者に「PTAは仕事ではない」と呼びかけ、活動への参加義務をなくし、会議も平日の日中から週末へ移すといった改革を進めた。

PTA業務を代行する民間企業も登場

学校と保護者・地域が連携する仕組みをどう見直すか。模索は始まっている。

近畿日本ツーリストは22年8月、ＰＴＡ業務を代行する事業に乗り出した。広報誌の印刷からウェブサイトの作成、イベントの企画立案など対応範囲は幅広い。ＰＴＡ役員や学校から5カ月ほどで１００件超の問い合わせがあり、ある小学校には合唱コンクールの観覧者の受け付けをするスタッフを派遣した。

登下校の見守り活動の当番をウェブ上で管理できるシステムの作成を依頼されたこともあったという。費用負担が従来よりもかさみかねないといった問題はあるものの、子どもの豊かな経験や安全を確保するために民間の力を借りようとする一例といえる。

学校が外部に求めるものも変わっている。教員が苦手とする業務のデジタル化などで、外部から支援する動きも出てきた。

19年に公益財団法人「東京学校支援機構」を設立した東京都。デジタル機器の操作補助から行事の準備補助まで、幅広く手伝う人材を学校に派遣する事業を始めた。派遣する人材は「サポーター」と呼ばれ、有償・無償など支援活動のあり方は各自治体や学校によって様々だ。22年10月時点で会社員や学生、主婦ら約６０００人と約１４０団体が登録する。

ただ活用は想定したほど進んでいない。同機構に登録した学校は全体の約6割。派遣を求める学校などからの求人数も21年度は約２９００人と目標の３０００人を下回った。

同機構のコーディネーターが学校のニーズを聞き取り、マッチする人材を派遣する仕組みになっているものの、学校側から「こういう人材が欲しい」という積極的な声が寄せられることがまだ多くないという。機構側が積極的に提案し、外部人材活用のメリットを感じてもらい、次の派遣につなげる——という地道な試みが続いている。

「教員は一生懸命に教育に取り組み、責任感も強いだけに、外の人に頼っていいのか不安を抱くのではないか」。

東京学校支援機構は教員を支援するスタッフを派遣している（都内の小学校）写真：同機構提供

同機構の坂東真理子理事長（昭和女子大総長）はこう推測し、外部人材の活用を各校に呼びかける。教員が多忙化しており「助けを求めるだけのゆとりがない」とも推測する。

学習内容が多様化する中、民間人材が教育の中心部分に関わる必要性も叫ばれているが、進んでいるとはいえない。学校に過剰な要求をする「モンスターペアレント」に悩む学校は少なくない。いじめや不登校も増え、学校と保護者の連携は一段と重要になる。まず自らが殻を破り、外の力を呼び込む。ＰＴＡ頼みが限界の学校がとるべき道は明らかだ。

３　部活消滅が招く子どもの体力低下

部員わずか５人　大会出場できないバレーボール部

このままでは秋の地区大会に出られない――。横須賀市立長沢中学校（神奈川県）の女子バレーボール部に２０２２年、危機が訪れた。バレーボールは１チーム６人。３年生が夏に引退して部員が５人に減り、大会出場に１人足りなくなったからだ。

打開策は部員が６人しかいない近隣の市立北下浦中との「合同チーム」の結成だった。北下浦中は単独でも大会への参加が可能だったが、仮に病気やけがで１人でも欠けたら不戦敗になりかねない。両校の思いが一致した。

10月から週末のどちらか一日を合同で練習する機会にした。平日は放課後の移動に時間がかかることを考慮し、それぞれの中学で別々に活動する。試合形式の練習をするには人数が少なすぎるため、もっぱら基礎練習が中心だ。

北下浦中２年の女子生徒（14）は「本音を言えば自分の学校で大会に出場したかったが、合同チームになったことで初めてレギュラー争いを経験できた。以前より練習に熱が入るようになった」と前向きに捉える。

横須賀市によると、市内に住む０～14歳が占める人口比率は１９８５年までは20％台を保っていたが、少子化でその割合が減少。２０１９年には10・９％まで落ちている。部員が減って大会参加が危ぶまれるケースは長沢中と北下浦中だけではない。市内ではこれまでにもバスケットボールや野球、サッカーで同様の事態が起きた。市担当者は「新入生の加入や３年生の引退のたびに単独にしたり合同にしたりを繰り返している。少子化の時代ではやむをえない」と話す。

30年後、野球部員は「1校わずか3・5人」に

日本ではスポーツの普及に学校の運動部が大きく貢献してきた。原点は明治時代に外国人教師が大学で伝えた競技で、１００年以上かけて「学校ごとに部活がある」文化が培われた。それが崩れようとしている。

原因は少子化だ。日本中学校体育連盟によると、21年度時点で全国には19競技１７９３の合同チームがあり、既に01年度の6・7倍となっている。

規模の縮小はとどまることを知らず、野村総合研究所の推計では中学軟式野球の1校当たり部員数は18年の19・9人が30年後に3・5人に減る。6校集まらないと紅白戦もできない計算だ。野球ばかりではない。男子サッカーや女子バレーボールの1校当たりの部員数も30年後には半減するという。

合同チームをつくれば問題が根本から解決するわけでもない。部員の送迎や練習時間の調整など学校の負担が増す上、担い手となる教員の意識もかつてと比べて大きく変わってきているからだ。

1運動部当たりの参加人数は減少傾向

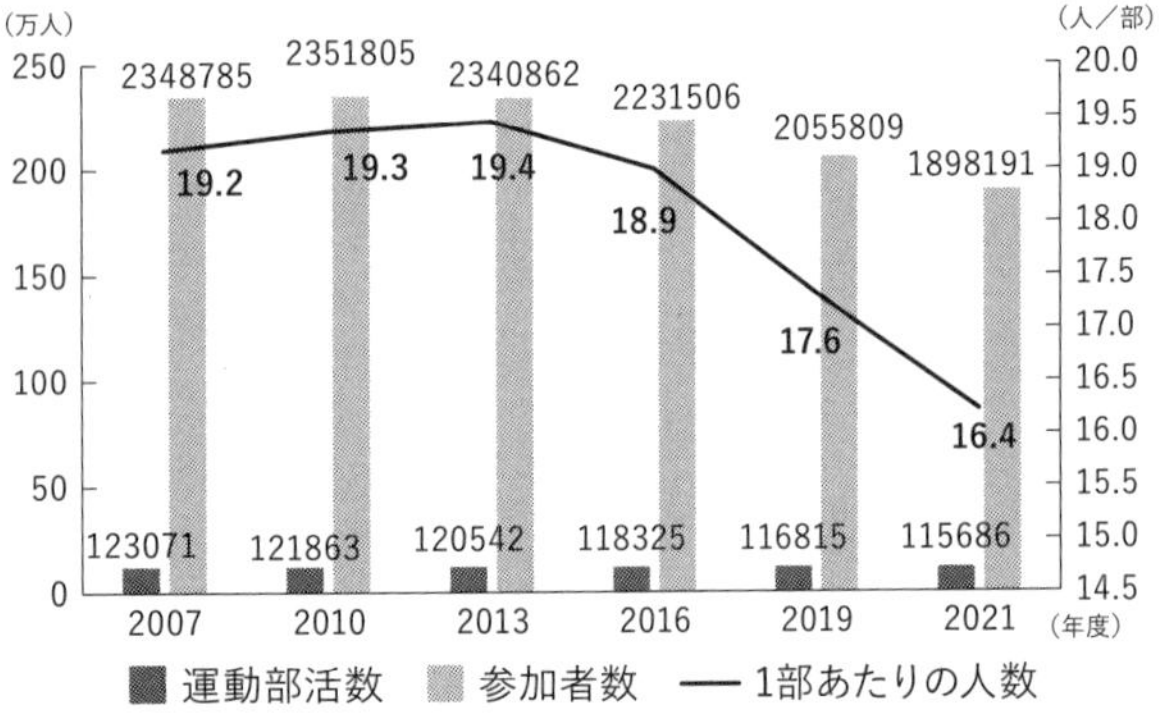

（出所）日本中学校体育連盟の調査を基にスポーツ庁が作成した資料

「希望を持って教員になったが部活の負担に疑問がわいた」。さいたま市の細田真由美教育長は21年末、仕事熱心だった新任教員が語る退職理由にショックを受けた。自身も40年近く教員を務めてきた経験から「学校の充実には部活が必要」と考えていたが、これからの時代はもう通用しないと思い知った。

部活には進学に有利になるとの思惑などから指導が過熱する弊害もある。元ラグビー日本代表の平尾剛・神戸親和女子大教授（スポーツ教育学）は「とにかく教員が忙しすぎる。指導の方法を吟味したり、よい取り組みを他校と共有したりするには働き方の余裕が欠かせない。教員に指導方法を見直すゆとりがなければ、部活の健全化につながらない」と話す。

子どもの体力低下を食い止めるには

一方で子どもの体力低下は深刻だ。スポーツ庁が公表した22年度の小中学生の全国体力テストの結果は、50メートル走など8種目の合計点の平均値が前年度を下回り、08年度の調査開始以来、最低を更新した。中学男子の１５００メートル走の平均タイムは6分50秒で18年度よりも17秒遅かった。中学女子１０００メートル走は5分3秒で16秒落ちた。50メートル走も小学男子9・53秒、小学女子9・70秒で最も遅い結果だった。

子どもの体力は１９８０年前後をピークとして低下が進んだ。危機感を抱いた国が08年度、小学5年と中学2年全員を対象とする全国体力テストを始めた。近年は少しずつ改善の傾向がみられたが、18年度から再び落ち込んでいる。

スポーツ庁によると、スマートフォンの利用時間が長くなって放課後の運動の機会が減っていることが一因とみられる。新型コロナウイルス禍で「巣ごもり」傾向が強まった可能性もある。体力低下にどう歯止めをかけるか。学校教育の大きな課題となっている。

教育基本法は「幅広い知識と教養（知）」「豊かな情操と道徳心（徳）」「健やかな身体（体）」の発達を教育の目標に掲げる。いわゆる「知・徳・体」のバランスの取れた育成は学校教育の根幹といえる。その一角である「体」の充実を事実上支えてきた部活の衰退は、人材育成の危機を意味する。

解の一つは子どものスポーツを地域に委ねることだ。欧米は会費や補助金で運営する地域のクラブが主に担う。文部科学省も将来的に部活運営を地域団体に移す方針を掲げる。だが受け皿探しや人材確保を任された現場は困惑する。

公立中の野球部やサッカー部の廃部が相次ぐ北海道紋別市。21年度から土日の地域移行を模索したが、地元競技団体が「指導者がいない」と難色を示した。市議会でも「部活は社会性を学び、仲間との連帯感を育む大事な学校教育の要素だ」との意見が上がった。計画は白紙になり、地域に委ねる難しさが浮かんだ。

反発の大きさから、スポーツ庁は当初方針の修正を余儀なくされている。22年5月末に有識者会議がまとめた提言は23～25年度を「改革集中期間」と位置づけ、離島や山間部を除いた全国で3年間の土日の移行完了を掲げた。同庁もこの提言をベースに必要な予算獲得に動いていた。

しかし、自治体を中心に「スポーツ団体や指導者など教育資源に乏しい地方の立場を重視すべき」「拙速に進めることではない」といった厳しい声が寄せられた。結局、22年12月にスポーツ庁がまとめた指針では「改革集中期間」ではなく「改革推進期間」とトーンを弱め、達成の目安とする時期を定めなかった。同庁担当者は「改革を進めるために高い球を投げた面もあるが、3年間では実現不可能と考える自治体が多い。いったん目標となる時期を取り下げざるをえなかった」と明かす。

日本の学校生活の中で大きな存在感を示してきた部活動。少子化や教員の働き方の問題から従来通りの形で維持することは現実的ではなくなっている。一方、地域の団体を受け皿とする改革には課題が山積する。

子どもが希望するスポーツに打ち込める環境を整える。それが「知・徳・体」をバランスよく育む道であるはずが、八方ふさがりが続く。大人が知恵を絞るときだ。

4　激増する不登校　10年前からほぼ倍に

仮想空間が不登校の子の「学習の場」

テレビゲームを模した画面内の教室に職員と子どものアバター（分身）が入り、この日のテーマであるサンゴの生態について通話やチャット機能を使ってのやりとりが続いた。不登校の小中学生が集まるインターネット上の仮想空間「room-K」での学習風景だ。

仮想空間を利用した不登校の児童生徒への支援として、認定ＮＰＯ法人「カタリバ」が２０２１年に始めた。埼玉県戸田市など自治体と協力し、22年11月時点で１３４人が利用する。

自宅など子どもの安心できる場所からアクセスできるのが特徴で、いくつかに分かれた教室ごとにプログラミング、イラスト、工作など、子どもたちが自分の好きなプログラムを選ぶことができる。

家から出ることが難しかったり、集団でのコミュニケーションが苦手だったり、不登校児が抱える困りごとや置かれている状況はそれぞれ異なる。カタリバでは定期的に支援スタッフが面談して一人ひとりのペースに合った時間割を立てる。

「秀頼」の名で自宅から参加する小4男児（10）も「room-K」に参加する一人だ。小学校に入学後すぐに不登校になった。「みんなと同じでないといけない学校が合わなかった」。苦手な科目で分からないことを聞きたくても、自分ひとりで教員に聞くことができなかった。逆に好きな科目で上級学年の内容の質問をすると答えてもらえず、失望感を強めた。

「好きなことに集中できるのが自分の良いところ」とカタリバでは自分なりのペースで好きな理科などを学ぶ。現在は学校に少しずつ通いながら、2日に1回ほど仮想空間で学んでいる。

カタリバは仮想空間を介して不登校の子どもを支援する
写真：認定NPO法人カタリバ提供

不登校の子は過去最多の24万人

「不登校のきっかけは多様で一概に増加の理由は語れない。ただ、一律に同じ内容を同じスピードで学ぶことに合わない子どもはたくさんいる。学校はそこに目をつぶってきた」。カタリバの今村久美代表は指摘する。

　子ども自らが学校に行かないことを選ぶ「積極的不登校」を認めようとする考え方も出てきているが、今村代表は「現実には学校に行きたいけど行けない子どもが多いと感じる。同じ学区の子が楽しそうに登校する姿を見て苦しい思いをしている親子は多い」と語る。

　不登校になる子どもは激増している。

　文部科学省の「児童生徒の問題行動・不登校等生徒指導上の諸課題に関する調査」によると、1991年度から調査している「不登校」は病気や経済的理由、新型コロナウイルスの

不登校の児童生徒数は24万人に上る

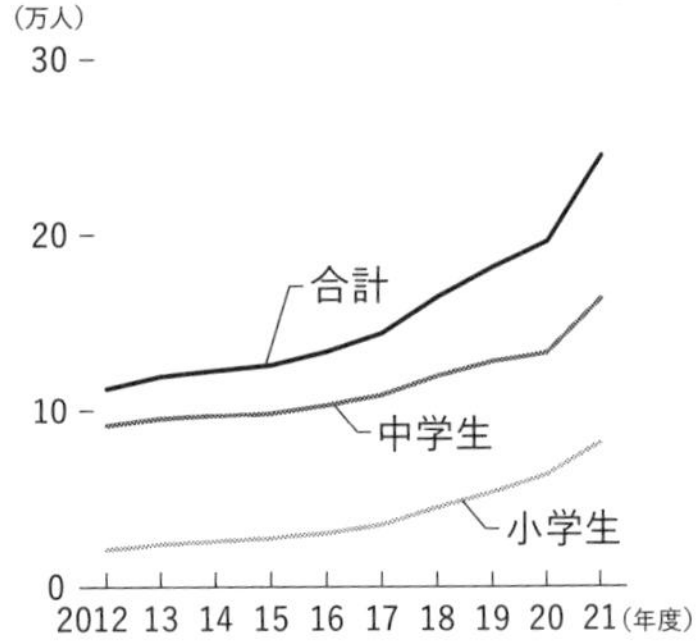

(出所) 文部科学省

感染回避などを除いて年間30日以上登校していない状況を指す。

それによれば、不登校の小中学生は２０２１年度に過去最多の24万人に達し、約10年前からほぼ倍増した。小学生が８万１４９８人（前年度比28％増）、中学生は16万３４４２人（同23％増）だった。

児童生徒１０００人あたりの不登校の人数は小中学校合わせて25・７人で、15年度（12・６人）と比べて倍になる。年間の欠席日数が90日以上だった児童生徒も過去最多の13万４６５５人で、不登校全体の半数を超えた。

浮いてしまう「ギフテッド」　３割が不登校傾向

不登校の加速度的な増加は、教室に集まって教員が一斉に教える学校文化に対する子どもたちの異議申し立ての広がりを映し出す。

明治維新から戦後の高度経済成長期に至るまで工業化が社会の課題だった時代はマニュアルに従って正確に作業する均質な人材が必要とされ、学校での画一的な教育が効率的だった。デジタル社会を迎えた今、求められているのはイノベーションを起こせる人材だが、学校の対応は鈍い。

「教科書の内容は全て理解していたが、自分のレベルに合わせた勉強をすることは全く許されなかった。周囲に合わせろと叱られた」「授業で発言をすると雰囲気を壊してしまい申し訳なく感じてしまう。分からないふりをするのが苦痛だった」

文科省の有識者会議が21年に実施したアンケートに悲痛な訴えが並んだ。対象者は3歳で九九を理解するなど特異な才能を持ち、「ギフテッド」とも呼ばれる小中高生やその親など約８００人だ。

有識者会議は22年9月に提言をまとめ、特異な才能を持つ児童生徒への支援策の拡充を求めた。在籍するクラスと別の教室でオンライン教育を受けられるような環境整備も提言に盛り込まれた。

文科省は23年度当初予算案に関連予算８０００万円を盛り込み、大学や民間団体に委託して指導プログラムの実証研究を進める。特性を把握しやすくする手法の情報収集や、教員が理解を深めるための研修教材の開発にも着手する。

特異な才能を持つ児童生徒は学校の集団生活に困難を抱えるケースもあり、有識者会議の調査でも対象の小学生らの３割に不登校の傾向があった。才能や特性に応じた環境づくりが急務となっている。

学校になじめない子の居場所はまだまだ少ない

学校は学力などを伸ばすだけでなく、集団生活を通じて協調性を身につける役割を担う。一方で、16年12月、状況によって児童生徒が学校を「休養」する必要性を明示し、不登校児の学びの充実を図る教育機会確保法が成立した。新型コロナウイルスの感染拡大もあって「必ずしも学校に行かなくてもよい」という意識が保護者や学校関係者の間で広がった。文科省も登校を基本に据えつつ、従来の画一的な教育から、一人ひとりに合わせた「個別最適な学び」へと転換する目標を掲げる。

だが、学校になじめない子たちの受け皿は貧弱なままだ。日本は家庭で学ぶホームスクーリングへの支援体制が欧米ほど整っていない。文科省の調査でも不登校児の４割弱は学校ともフリースクールなどの民間機関ともつながっておらず、その比率は年々大きくなっている。利用に年１００万円ほどかかるフリースクールもある。子どもが不登校になったとき、学びの機会を保障できるかどうかは家庭の経済力に左右されてしまうのが現実だ。

不登校児をオンラインで学習支援する熊本市の遠藤洋路教育長は「現状は学校に無理して来なくてよいといいながら、学びの継続は自己責任になっている。登校するかしないかではなく、色々な場所で学べるようにすることが重要だ」と言い、学校以外の受け皿を教育行政が率先して整える必要性を訴える。

不登校の段階で周囲が適切に対応できず、成人後に長く自宅に引きこもる例もある。「個別最適な学び」を保障しながら社会性をどう育むか。教育行政の本気度が試される。

5　消えゆく母校　統廃合もいずれ手詰まり

「1学年2人」も思うように進まない学校の統廃合

２０２３年3月末、鳥取県倉吉市で１８７３年（明治6年）創立の小学校が１５０年の歴史に幕を閉じた。市西北部の中山間地域に立地する灘手小（22年度の児童数33人）は中心部の成徳小（同１１９人）と統合、新生・成徳小として新たなスタートを切った。

学区内には９集落があり人口は約１０００人。半数以上の世帯が農業に従事し、若い人の流出が続く。典型的な高齢化が進む過疎地域だ。

灘手コミュニティセンター館長の松井幸伸さん（69）は自身も３人の子どもたちも灘手小学校で学んだ。「絶対に学校を残せという人もいたが、児童数はわずか33人。２人だけの学年もあり、団体競技も合唱もできない。これでは子どもたちがかわいそうだ。小学校が消えるのは寂しいし、心情的には残してほしい。でも、子どもたちのことを思えば統廃合は仕方がない」と語る。

倉吉市で市立小中学校の統廃合問題が浮上したのは10年ほど前のことだ。当初は住民の反発が強く、協議は難航した。それでも教育委員会が地元と対話を重ねた結果、子どもの数が減る中では統廃合は仕方がないという認識が広がり、16年に最初の小学校２校の統合が実現した。今回の灘手小と成徳小のケースは2例目になる。

統廃合が決まったことに小椋博幸教育長は「小規模校は男女のバランスが極端に偏ったり

団体活動ができなかったりと、教育環境に課題が多い。それを統廃合なら改善できると保護者や地域の人の理解が深まり、ようやくここまで来た」と語っていた。13校ある小学校をいずれ7校にする計画にも意欲を燃やしていた。

だが、議論は最終段階で迷走に迷走を重ねた。22年4月、両校の統合準備委員会は市民に新小学校の校名を募集した。341件、119案の応募があり、最多は地元の山に由来する「打吹《うつぶき》」の150票だった。ところが統合委員会はわずか1票しかなかった「至誠」を新校名に選び、9月市議会で正式決定したため、批判が殺到した。

騒ぎは校名撤回を求める住民請求にまで広がり、市は11月市議会で「至誠」の撤回に追い込まれた。統合準備委員会は12月に2つの案を合体した「打吹至誠」を再選定、市が1月臨時市議会で提案して事態の打開を図ったが、これに議員らが反発、土壇場で修正動議が出て想定外の「成徳」で決着した。

実は統合準備委員会は早い段階で、旧校名の「成徳」「灘手」はどちらも使わないことで合意していた。統廃合後は成徳小の校舎を使うため、吸収合併の印象を払拭する狙いがあったとみられる。しかし、校名決定のプロセスに批判が強まり、それぞれの地域関係者の思惑が対立、混乱が広がった結果、中心部にあって規模の大きい「成徳」を校名として使い続けることになった。市民の一部に不満がくすぶり続ける余地をつくったのは間違いない。

〝イタチごっこ〟でいずれは手詰まりに

少子化で全国的に公立小学校の統廃合が進んでいる。背景には教育予算の効率化のほか、小規模校の教育環境の改善というメリットがある。国が示す標準規模（12～18学級）に満たないような小学校はクラス替えもできず、人間関係が固定してしまう。これでは社会性は育ちにくいし、団体競技も合唱も児童間で議論するアクティブラーニングも難しくなる。

長い間、地域のシンボルであり核であった小学校の廃校に地域の反発は根強いが、それでも少子化の現実にはあらがえない。

現に12年に２万１１６６校あった公立小学校が、22年は１万８８５１校にまで減った。だが、たとえ統廃合に納得したとしても、学校を失った住民の不満はマグマのように溜まる。それだけ地域社会における学校の存在意義は大きく、いったん事態がこじれてしまうと地域を揺るがす大騒動に発展することを倉吉市の事例は教えてくれる。

さらに深刻なのはいくら統廃合を進めても、児童数の減少が止まらなければ、いずれまた統廃合を迫られる〝イタチごっこ〟が続くことだ。統廃合が進んでもなお、21年の全国の公立小学校のうちの4割以上が標準規模に届かない。

倉吉市の新生・成徳小も6年後には統合効果が消え、旧・成徳小の規模に戻ってしまうため、次の統廃合計画が進められている。全国的には小学校1校の自治体も少なくない。そうした自治体は他の自治体と共同設置にでもしない限り、それ以上の統廃合は不可能だ。

統廃合で通学距離が長くなりすぎる弊害も出てくる。統廃合に積極派だった広島県呉市は21年、これ以上の推進は無理だと判断して統廃合計画を撤回した。縮小均衡の統廃合一本やりではいずれ限界が来るのは明白だ。

永続的な学校をつくるのが難しい時代

人口の増減が激しい大都市でも悩みは深い。高度経済成長期に東京のベッドタウンとして大規模団地が誕生した千葉市。１９６８年に入居が始まった花見川団地内に5校の小学校を整備した。だが、他の多くの大規模団地と同様に、花見川団地も住民の高齢化が進み児童数は急減した。千葉市は2006年から5校の統廃合に着手し、23年4月から2校体制にした。

同じ千葉市内でも人口急増地域では受け入れ対策に追われる。22年時点で市内の小学校は108校あり、このうち36校が小規模校(11学級以下)なのに対し、大規模校(25学級以上)も4校に上る。

タワーマンションの建設が続き人口が急増する臨海部では26年度に新たに小学校を開校する。だが、20~30年後には再び子どもが減る見通しのため、校舎は鉄筋コンクリート造をやめ、建設費や解体費用が安く済む鉄骨造で建設する。担当者は「もう永続的な学校を造る時代ではない」と話す。

倉吉市の苦悩が多くの過疎地域に共通する苦悩であるように、千葉市の悩みもまた多くの大都市に共通する悩みだ。人口動態に合わせて拡大や縮小を余儀なくされる学校は、もはや地域にとって特別な存在と言うよりも、普通の公共施設と同等の意味しか持たない存在になりつつある。

「邑《むら》に不学の戸なく、家に不学の人なからしめん事を期す」——。明治政府は日本がまだアジアの貧困国だった１８７２年（明治５年）、学制発布で全国津々浦々に５万の小学校をつくると宣言した。

国主導で整備が始まった学校制度は日本の近代化に貢献し、経済大国へと導いた。長い間、小学校は地域の核であり近代化の象徴としての役割を担ってきた。だが、学制発布から１５０年を経て日本の社会構造は大きく変わり、かつては当たり前だった学校の存立基盤を揺さぶっている。その象徴が地域で学校を維持できなくなった結果の学校統廃合といえるが、社会は激動の時代にふさわしい新たな学校像を描けていない。

「国頼みでなく自分たちで地域の教育の展望を考えることが重要」と元鳥取県知事の片山善博・大正大特任教授は指摘する。国から与えられた学校制度ではなく、地域地域に合った学校制度を自ら創造する気概を持たないと、学校は縮小均衡に追われるだけで、いずれ崩壊は避けられない。デジタル技術を活用した遠隔教育の導入など大胆な改革も必要だろう。問われているのは私たち一人ひとりだ。

私はこう見る

学校に依存する社会変えよ

小室淑恵●ワーク・ライフバランス社長

教員不足が深刻化し、学校の持続可能性が揺らいでいる。働き方改革のコンサルティングを手がけるワーク・ライフバランスの小室淑恵社長は、学校に依存する社会のあり方を変えるべきだと指摘する。

――学校の問題に取り組んでいますね。

「6年前、子どもに病気があり長期間登校に付き添った。驚いたのが毎日、先生の怒鳴り声が聞こえることだ。ほかの子と同じ行動をとれない子がいると怒鳴りつけずにおれないほど教員が疲弊している」

「これでは多様な子どもが伸び伸びと才能を伸ばせるわけがない。起業家になる子はほかと違ったことをしようとするのだから。日本にイノベーションが起きない一因は学校の労働環境にある」

――処方箋は。

「正常な働き方を保障する仕組みをつくる。この点で責任を果たしているかどうかを校長や教頭の評価に入れるべきだ」

――公立学校の教員の残業代を低く抑える教職員給与特別措置法（給特法）の廃止も提言しています。

「全ての残業代を支払うと9000億円の財源が必要になるというが、まず給特法廃止を明言し、その上で改革を進める学校に予算をつけることが重要だ。その際、教員による校長の360度評価や業務の外注化を進めることを条件にすべきだ」

――社会も学校に無制限に要求する姿勢を変えないといけないのでは。

「先生は子どものためなら時間を惜しまない無料の資源だという考え方に社会が甘えてきた。学校依存社会を変える必要がある。ただ、子どもと向き合う時間は減らさなくていい。教員の専門性と無関係の仕事をさせるのがよくない」

「例えば部活動。日本ほどアスリートに引退後のセカンドキャリアがない国はない。部活を学校から離し、彼らに指導を委ねれば効果も大きく雇用も生まれる」

——小学校の英語や教育のＩＴ（情報技術）化など中核業務でもマンパワーが足りません。

「英語もＩＴも片手間にできるものではなく、各分野のプロを活用する発想が必要だ。小学校であれば担任ひとりが全てをやる構造に無理がある」

「教育方法の遅れも問題だ。子ども全員が前を向く一斉授業から、多様化した子どもに合った形に学校を変えるべきだ。子どもが小集団で助け合いながら学ぶのが世界のトレンドだ」

——働き方も学びの場も改革が必要だと。

「２つが密接に関係している。給特法を廃止し管理職の責任で働き方改革を進めるべきだ。疲弊して声を上げられなくなっている現場の先生が余裕を取り戻し、自ら声を上げて変革していける状況をつくる。そうしないと日本社会は変わらない」

こむろ・よしえ
日本女子大卒、資生堂を経て
２００６年にワーク・ライフバランス設立。
社会貢献として
学校の働き方改革も支援する。

ＰＴＡは仕事ではない、存続の是非自ら決めよ

岡田憲治●専修大教授

ＰＴＡの解散や活動の見直しが広がっている。２０１８年度から3年間、東京都世田谷区立小学校でＰＴＡ会長を務めた岡田憲治・専修大教授は「任意団体である以上、今後のあり方は自ら決めるべきだ」と指摘する。

——会長に就いてＰＴＡ活動をどう感じましたか。

「平日の日中に役員会や地域行事があるなど、フルタイムで働く人にはハードルが高かった。他校の式典への出席、運動会での来賓へのお茶出しなど、前例踏襲で続いてきたものも多い。メールで済むことを紙の文書でやりとりする非効率的な面も目立った」

「驚いたのは保護者が活動に参加して一定のポイントをためるよう求められていたことだ。本来はボランティア活動なのに、無理をしてでもこなすべき『仕事』になっていた」

——義務感が蔓延《まんえん》する背景には何があるのでしょう。

「ＰＴＡは任意団体で自治のための組織だが、日本の社会はこの点をよく理解できていない。任意団体とは簡単にいうと『自由に出入りできる幸せのための仲間づくり』。自治

は『生活や人生に関わることを自ら判断する』という生活の技法だ」

「背景には日本の教育もある。画一的な学習や受験勉強に追われ、与えられた課題を真面目にこなす子どもが優秀とされる。こうして育ってきた大人は前年通りに活動しないと不安に駆られてしまう」

――どう改革に取り組みましたか。

「役員や保護者に『ＰＴＡは仕事ではない。生活の延長であり、家族の暮らしを優先してほしい』と呼びかけた。役員会は土曜登校日の午前中に変更。参加しやすくすることで2年目からはフルタイムで働く男性の役員が増えた」

「町会との懇親会を防災のための会合に衣替えし、活動内容も意義の感じられるものに変えた。ポイント制度は次の会長時代に役員による管理をやめ、自分の達成感のためにためる運用となった」

――ＰＴＡの不要論や、業務を外部委託する例も出てきました。

「大事なのはＰＴＡ解散などの是非を一律に問うことではなく、自分たちであり方を決めることだ。解散を決めたならそれでよいし、間違えたと思えば復活させればいい。ただ学校は教育委員会のルールに縛られ、教員はＩＴ（情報技術）化が進まない貧困な環境下で多忙な日々を送っている。目の前の子どもを見ていられないのが現状だ」

「子どもの安全や幸せのために活動する意欲や才能を持った保護者は多い。ＰＴＡは学校を応援するためにあるという原点に戻り、こうした保護者が自由に集い、伸び伸びと活動できる場にすべきだ」

おかだ・けんじ
１９６２年生まれ。早稲田大大学院博士課程修了。２００８年に専修大法学部教授。専門は政治学。著書に「政治学者、ＰＴＡ会長になる」など。

教育は地域の問題　国の指示待ち脱せ

片山善博●元鳥取県知事

鳥取県知事や総務相を歴任し地方自治に詳しい片山善博・大正大特任教授は、現在の学校教育の問題点について、国の指示待ちで地域の教育を地域で考える姿勢に欠けていることだと指摘する。

——公立小中学校の統廃合が進んでいます。

「論点は2つある。一つは効率性の問題。あまり小規模な学校に教員や予算を配分することは財政的に無理がある。文部科学省は乗り気ではないが、今の予算の仕組みではやむをえない。批判はあるが、そういう立場はあって当然だ」

「もう一つは、地域社会の教育環境や公立学校の持つ意味を重視する立場だ。かつては、こうした主張が大勢だったが、最近は減ってしまった。教育委員会も国の意向に沿って、反対する人をいかに説得するかという立場になっている」

「明治時代の学制発布で教育制度が整備されたときは、教育は極めて地域の問題だった。地域の人が私財を提供し校舎を建てもした。今は国の問題だとみなす人が多い。地方自治の問題、教育委員会の責任という意識はほとんどない」

「統廃合も同様だ。あくまでも設置者である市区町村が国の指針を参考に、自分たちの問題として自分たちの責任で決めればいい。結論は『小規模でも地域に学校を残す』でもいいし、『将来の子どもの数を考えて統合する』でも、どちらでもいい。重要なのは地域の教育をどうしていくかを、地域が真剣に考えることだが、それができていない」

――学校への関心が弱まっているのでしょうか。

「地域の教育を充実させるために皆で意見を出し合い、議論をして合意形成をするプラットフォームがない。だから何か問題が現場で起こるとすぐに文科省は何をしているのかという話になり、それに国はこと細かな通達を出す」

「いじめも不登校も教員の多忙化も同じで、現場の問題なのに自分たちで解決できず、何かというと国頼みで、主体性がない。責任の所在が不明瞭な無責任体制になっている」

――これでは公立学校は崩壊しかねません。

「公立学校は守るべきだ。どんなに貧しい人でも普通教育を受けられる制度は近代国家の必要条件だ。だからあの貧乏な時代に、明治政府は全国津々浦々に小学校をつくり、そこから国を支える人材が生まれた」

「近年は国の公立学校への力の入れ具合が減っている。私立出身の政治家や官僚らが増えたことも一因だろう。学制発布は人材育成を寺子屋のような一部の人向けの私的サービスから、行政が担う皆教育に転換する大革命だった。今の公立学校は空気や水のような当たり前の存在になり、ないがしろにする傾向にある。これは問題だ」

かたやま・よしひろ
1951年生まれ。東大卒。74年自治省（現総務省）入省、99～2007年鳥取県知事。10～11年総務相。早大教授を経て22年4月から大正大特任教授。

（2023年1月新聞掲載）

執筆者一覧

羽鳥大介
横山晋一郎
中丸亮夫
茂木祐輔
佐野敦子
嶋崎雄太
下川真理恵
橋爪洸我
小柳優太
松本正伸
浮島翼
高山智也
他１名

日経プレミアシリーズ｜494

「低《てい》学《がく》歴《れき》国《こく》」ニッポン

二〇二三年五月八日　一刷

編者　日本経済新聞社

発行者　國分正哉

発行　株式会社日経ＢＰ
日本経済新聞出版

発売　株式会社日経ＢＰマーケティング
〒一〇五―八三〇八
東京都港区虎ノ門四―三―一二

装幀　ベターデイズ

組版　マーリンクレイン

印刷・製本　中央精版印刷株式会社

ISBN 978-4-296-11737-6　Printed in Japan